儿童语言发展

——评估与教学

盛永进 范 里 编著

南京大学出版社

前　言

　　语言是人类最重要的交际工具,是人们进行沟通的主要表达方式。从沟通的视角看,语言的发展经历了前意图行为、意图沟通到符号性沟通的发展过程,其间也伴随着人们认知的发展。为了帮助广大教师、家长积极正确地引导和促进儿童的语言发展,我们在借鉴参考国内外有关资料的基础上,通过搜集、整理大量的教育活动案例,遵循语言发展的教育规律,精心设计编写了这本《儿童语言发展:评估与教学》。

　　作为系列丛书之一,本书是继《儿童认知发展:评估与教学》之后,编写的一本有关语言**技能发展标准参照评估与教学的工具用书**,适用于所有儿童(包括成年人)的技能评估与活动训练,**特别考虑到包括有残疾在内有特殊教育需要的儿童**。全书内容将语言领域技能划分为听觉训练、发音预备、发音Ⅰ、语言理解、语言发展、倾听、手语、指拼、唇读、发音Ⅱ和发音Ⅲ(其中发音教学根据进展又分为三个部分)共11个领域。内容编写以语言技能发展的顺序为线索,涵盖了从1岁到成年人的语言发展情况,以具体的活动设计为形式,系统地描述学生的语言技能水平,具有评估、教学与交流的指南功能。

　　作为一种评估工具,本书可以帮助教师进行评估与早期鉴别,全面了解每个学生的技能水平、发展与进步。本书采取的是非正式评估取向,主要表现为生态的、功能性表现方面的评估,特别适用于那些有障碍的特殊儿童。**利用本书的内容进行评估有助于教师、家长制定相应的教育计划和训练措施,把课程与教学直接联系起来,便于在教育训练中实际地运用**。

　　作为一种教学工具,本书具有项目干预与教学资源的引导及借鉴功能,帮助教师为每一位学生制定出个别化适宜的技能学习目标,并与课程与教学相对接，有目的地培养和拓展他们的技能。本书中的活动设计都是基于学生的兴趣，充分发挥游戏活动的教育功能，营造出激励性的情境，鼓励学生去体验、探索和互动，进而收到教育的实效。

作为一种交流工具，本书为所有参与学生教育计划的合作者提供了整个教育阶段学生发展进步的记录档案，便于信息分享、参考和交流，特别是为家长配合学校的教育训练提供明晰而具体的指导。基于团队合作的效应，本书使用说明中所提供的评估记录、教案模式等，都是从实操的角度，强调团队合作的教育意义。

编写本书是一项新的尝试，为了便于读者使用本书，本书在前言之后提供了较为详细的使用说明，供读者参阅。由于编写者的学识、水平有限，书中难免存在疏漏之处，敬请读者批评指正并提出宝贵意见。

编　者

2020 年 3 月

目 录

使用说明 ·· 1
第一章 听觉训练 ··· 1
第二章 发音预备 ··· 25
第三章 发音Ⅰ ··· 50
第四章 语言理解 ··· 86
第五章 语言发展 ··· 101
第六章 倾　听 ··· 127
第七章 手　语 ··· 146
第八章 指　拼 ··· 172
第九章 唇　读 ··· 196
第十章 发音Ⅱ ··· 215
第十一章 发音Ⅲ ··· 238
后　记 ·· 261

使用说明

一、设计

本书试图为广大的一线教师、家长或其他教育工作者提供一部简便、有效的集评估与教学于一体的实操工具指南。全书聚焦于儿童语言技能的发展,所提供的语言领域中的技能,按简单到复杂的发展顺序,大致涵盖了从1岁到成年的发展情况(成年人的技能通常可以在14岁的时候获得)。由于没有设定具体的年龄范围,可以在不考虑年龄或预期的情况下对每个学生的语言能力及训练需要进行评估鉴别。本书提供的活动内容也不是标准化的,所以其评估是非正式的,不需要为每个学生打分,主要用于对学生的技能掌握程度进行识别、教学和评测。

(一)结构内容

本书语言领域包括了449种技能,分为听觉训练、发音准备、发音Ⅰ、语言理解、语言发展、倾听、手语、指拼、唇读、发音Ⅱ和发音Ⅲ共11个次领域(见下表)。每项技能都编有号码,如:3.02指的是第三章发音Ⅰ的第二项"发出单韵母 a、o、e"技能。

次领域项	内　容
1. 听觉训练	区分声音刺激信号
2. 发音准备	调控嘴、颌、唇、舌、齿等器官的活动
3. 发音Ⅰ	声母和韵母的发音
4. 语言理解	沟通的理解
5. 语言发展	运用姿势、声音和字词进行沟通
6. 倾听	言语沟通的参与及回应
7. 手语	运用手语进行沟通
8. 指拼	运用手和手指拼写字词进行沟通
9. 唇读	通过唇读理解口语
10. 发音Ⅱ	声母和韵母的发音
11. 发音Ⅲ	声母和韵母的发音

（二）编排体例

行为标识是指在每一领域之前都列出学生需要干预的可识别行为，以帮助家长或教师有针对性地使用本书。例如第三章"发音Ⅰ"有针对性地列出以下行为：

行为标识：

漏掉词语里的发音

在词语里用一个发音代替另一个发音

念词语时发出异常的声音

使用不适当的器官（鼻、嘴、喉）来发音

发出莫名其妙的声音

说话时，声音低沉、含混不清

书中每项技能的评估与训练，都以游戏为主的活动展开，其内容格式基本一致，包括技能项目的编号与标题、文本内容。文本具体内容又由能力要求、兴趣水平、材料准备和具体的教学活动四个部分组成（见下表）。

2.13　朝着不确定方向吹气或发声

活动主题：吹气训练

能力要求：视力

兴趣水平：学前

材料：挂钩、羽毛、镜子、柠檬、卫生纸筒

1. 把羽毛挂在钩子上。
2. 然后把挂着羽毛的钩子放在教师和学生之间。
3. 为学生示范噘嘴和吹气。
4. 允许学生在噘嘴和吹气的时候照镜子。
5. 提示学生试着让羽毛飞起来。
6. 把柠檬片放在学生噘起的嘴唇上吹羽毛，如果学生没能做成，让他通过卫生纸筒来吹羽毛。
7. 如果学生把羽毛吹得飞起来，就表扬他。

编号和标题代表具体的领域和技能。本书每一项技能都有一个基于所属领域

和次领域的 ID 编号,如"2.13"代表第二章"发音预备"领域中的第 13 项技能,即"朝着不确定方向吹气或发声"。技能的 ID 编号为评估程序、训练活动以及其他相关的技能信息提供了相互对照。这些技能都是按照每个领域中的发展顺序来表述的。对一名学生进行评估之后,目标技能的文本内容可以被改写为个别化教育计划(IEP)中的一个目标。

活动主题是对该项活动内容的概括性陈述。

能力要求表明了技能的适宜性条件要求。如"视觉、听觉、动手"意指学生进行该项技能的评估训练,需要具备视觉、听觉及动手的条件。教师需要确定每项技能的水平标准以便衡量学生技能掌握的情况。

兴趣水平反映的是该项技能活动相对应的年龄水平,教师应根据具体的情况做出适当的调整。

材料是指活动中所需要用到的基本的材料或工具等。

教学活动是指具体的活动安排,本书所有活动都采取分步式的教学方法,并按其过程顺序排列,教师在参照时,可根据实际情况做必要的调整。

二、评估

作为一种评估工具,可以帮助教师进行评估与早期鉴别,全面了解每个学生的技能水平、成长与进步。本书的评估采取的是非正式评估取向,主要表现为生态的、功能性表现方面的评估,特别适用于那些有障碍的特殊儿童,有助于教师、家长制定相应的教育计划和训练措施,把课程与教学直接联系起来,便于在教育训练中实际地运用。

(一) 评估准备

在评估的准备阶段,主要是了解学生相关技能行为的表现及其背景性信息,特别是反映学生在文化和环境方面的相关经历,确定所要评估的目标技能。某个发展领域的目标技能可借助于"行为标识"来帮助筛选或锁定。所谓行为标识,亦称识别行为是指儿童在平时的活动中表现出来的异于常态的"非典型"状况。例如,一名学生"在词语里用一个发音代替另一个发音",或"念词语时发出异常的声音"。那么他的发音是否清晰就成为可识别的行为,需要我们关注并作为可能的目标技能实施进一步的评估,以对其"发音问题"进行干预。评估准备主要包括以下三个方面:

1. 初步收集相关背景性的信息资料

通过与家长及其他相关人员的访谈,了解学生现在和过去的情况以及可能对技能评估产生的影响。必要的话,还需要查阅相关生育、医疗、教育方面的记录档案,以便较为全面、深入地了解学生的情况。

2. 分析想观察的技能和行为

可以通过查阅相关记录,与学生的家长、同学、任课教师等的访谈来了解学生技能发展的水平,然后标出高于或低于学生个体平均发展水平的几项技能,进而确定"识别的行为"。

3. 观察、记录识别的行为或技能

有些技能可以在教室或家庭的情景中自然地产生,因此,为学生提供某些材料活动,学生可能会自然地表现出某些具体需要评估的技能或行为。观察的同时,记录下日常活动中技能的表现情况。这些技能可以用来促进下一项技能的发展,标示着下一个训练的起点和进一步评估的机会。这种情况下就需要一个更加结构化的评估阶段,以便对学生的技能水平进行充分的评测。

(二)实施评估

1. 确定目标技能

根据前期评估准备所观察、访谈等收集到的信息,分析并确定"识别行为"或所要评估的技能行为所属的发展领域,然后考虑学生在这个领域的发展水平,找出与之近似水平相匹配的技能,这样就可以在这个发展领域中选择该项技能来开始评估。

2. 制作评估记录表

在具体应用时,本书中的教学活动需要与认知技能"评估记录表"配套使用。评估记录表用来识别学生的需要、确定目标(技能)和记录学生的进步,可以根据需要仿照下个案例预先制作(见下表)。

学生姓名	年龄	性别	班级

4. 语言理解
行为标识:
不理解别人所说的话
对名字和词语没什么反应
不能正确回答问题
不听从口头的指挥
不能根据口头指挥找出物体所在的位置并放置物体
不能根据要求指向熟悉的物或人

(续表)

4.01	对说话声做出反应		
4.02	按照简单的指令停止活动		
4.03	听到有人叫自己的名字时,停止活动、抬头看或走向说话人		
4.04	在无需动作演示的情况下,根据简单的口头要求做出适当的手势		
4.05	按要求指出10个身体部位或所属物		
4.06	按要求指出家庭成员和熟悉的家用物品		
4.07	听从伴着手势的口头指示		
4.08	在没有手势时,听从简单的口头命令		
4.09	在使用第一人称代词"我""我们"时,做出适当的动作		
4.10	在使用代词"他""她""它"给出口头命令时,做出适当的动作		
4.11	在使用代词"他""你""他们"给出口头命令时,做出适当的动作		
4.12	在使用代词"他的""你的""他们的"给出口头命令时,做出适当的动作		
4.13	用非语言的方式回答具体问题		

(续表)

4.14	用正确的、非语言的方式回应一些身体状态的问题		
4.15	根据功能指出常见的物体		
4.16	指出"上方""下方",或者把物体放在上方、下方		
4.17	指出"上面""里面""外面",或者把物体放在上面、里面、外面		
4.18	指出"下面""上方",或者把物体放在下面、上方		
4.19	指出"顶端""底部",或者把物体放在顶端、底部		
4.20	指出"旁边""后边",或者把物体放在旁边、后边		
4.21	指出"前面""后面",或者把物体放在前面、后面		
4.22	指出"斜上方""斜下方",或者把物体放在斜上方、斜下方		
4.23	指出"前面""后面",或者把物体放在前面、后面		
4.24	指出"围着""穿过";把一个物体放在另一个物体的周围或者让它通过另一个物体		
4.25	按要求指出与自己的学校相关的人或物		
4.26	按要求指出与自己的街坊或社区生活相关的人或物		

(续表)

4.27	正确回答关于摘要或概念的问题		
4.28	回答基于口语资料的具体问题		
4.29	从口语资料中选择主要观点		

评估记录表由技能代码、技能描述文本、评估日期和评估结果组成。在上面的评估记录样本中,左列是技能代码和技能的文本内容,其余两列的空格都是用来填写评估日期和评估结果的(见上表)。其中,"4.18"代表了第四章"语言理解"领域中第18项技能,其文本内容为"指出'下面''上方',或者把物体放在下面、上方"。"18/02/13"和"18/05/18"是评估的日期的记录,"一"和"十"记录的是评估结果,"一"表示学生未表现出该项技能,"十"则表示学生表现出该项技能。该样本示例表明,技能在 2018 年 2 月 13 日的评估中未表现出来,而在 2018 年 5 月 18 日的评估则已表现达成。评估记录表在每一项技能后都提供了空白处以便记录评估日期或评估结果。每一个领域的前面都列出了识别行为。

技能代码 ← | 4.18 指出'下面''上方',或者把物体放在下面、上方"。| 18/02/13 | 18/05/18 | → 评估日期
| | 一 | + | → 评估结果

3. 设立评估水平标准

《评估记录表》制作完成后,评估者为这项技能的评估确立一个水平标准,可用相关的符号代码表示。评估者也可以根据自己的需要修改符号代码,但在所有的技能评估中,一定要对所有的学生前后一致地使用这些符号代码。本书提供如下评估标准符号代码,供读者使用时参考:

+:学生掌握了这项技能或行为;

—:学生没有掌握这项技能或行为;

+/—:学生这项技能似乎有所表现(或刚刚萌发);

A:学生的这项技能或行为失准或失常;

— 7 —

N/A：由于学生的残疾或家长的偏好，这一项不适用或无法评估。

4. 评估目标技能

评估记录表制作完成，就可执行评估。先从目标领域中选择一项起始技能来开始评估，同时分析已有观察和收集到的资料，然后创设评估活动所需情境，必要时对活动及程序进行调整，以满足被评估者的独特需要。接着，评估者根据具体活动展开评估，观察被评估者的表现情况并根据确定的技能标准，酌情记录学生的反应，最后完成评估。

（三）评估内容调整

本书所提供的活动案例并没有考虑到所有影响的因素。如果一名学生不具备评估所要求的一些先备技能（如残疾等因素导致的问题），很可能难以对评估的要求做出相应的反应。那么，**对于有残疾等特殊需要儿童，在评估目标技能之前，应根据学生的特殊需要对评估的活动内容进行适当的调整或修改。**下表是针对常见的障碍类型，对评估提出的一些调整建议，供读者参考。

障碍类型	调整建议
认知障碍	多给一些回应的时间； 简明、和缓地重复指导语； 逐渐减少提示、模仿，最终在没有任何帮助的情况下做出回应； 对学生的表现给予及时的积极表扬。
沟通障碍	如果学生没有任何语言或言语的支持，必须在被评估之前，为其建立起有效的沟通交流机制，可采取符号、沟通板、图片及其他沟通技术设备等辅助或替代性措施。只有形成了可交流的机制时，才能实施评估。
视觉障碍	取决于学生的视觉障碍程度； 评估者可以向视觉障碍教师或者验光师等相关专业人员进行咨询获得帮助支持。
听觉障碍	寻求听力学家、语言治疗师和听觉障碍教师的帮助支持； 确定哪些评估技适用于被评估的有着听力障碍的学生； 分析被评估学生的沟通交流的情况，了解清楚是需要综合性的，还只是言语或手势方面的，然后采取相应的接受与表达模式进行评估。

(续表)

障碍类型	调整建议
行为障碍	评估过程中通常包括常见的行为反应,评估者可以按照现有的方法来评估,但要做如下修改: 如果涉及学生的任务性行为问题,把评估分解成几部分完成,每次互动只需几分钟; 使用简明的陈述或者采取角色扮演,指导语要确保学生在评估时,正确理解评估者希望他做什么; 学生每完成一部分评估后要及时予以充分奖励; 学生尝试完成任务、做出努力、认真听讲和实现目标时都要给予积极的正强化,表扬要具体化,经常变换奖励的形式。 如果评估无法明显地反映学生的真实表现,就停止评估。
运动障碍	在需要学生做视觉运动的地方使用图案、模版或引导图等来替代; 对于任何知觉动作内容,给予口头指导; 借助辅具设备,如:握笔器、改装剪刀柄等; 确保学生坐在桌子旁边的时候,脚能够平放在地板上,桌子的高度应该适中。

(四)评估注意事项

评估标准的选择取决于很多变量,包括学生经验、学生类型、学生数量、教学情境的设置、程序和时间。因此实施评估是应注意以下事项:

1. 选择一种评估记录工具时,要考虑它能够提供所需的信息量,且易于使用和管理。在一种特定的情境中,对学生进行评估的时间长度应该因人而异,尽量把一次评估限定在15分钟。本书中的评估一般是为5~8分钟的时长设计的。

2. 并非所有的技能都适用于每一名学生。在考虑一项技能的时候,要分析检查各方面的相关信息,根据学生的需要做出适当的调整。譬如,评估者可以判断是否有必要对口头提示或语言做出修改。关键是要使用学生容易理解的语言并接受学生用自己的词汇做出的口头反应,只要他的回答是在对评估做出回应就好。

3. 本书中的评估内容及活动主要是面向学生个体开发的,特别适用于个别训练。然而,很多评估也适用于小组。但是对于有些技能,小组测验很难确定单个学生的真实表现,由于被试有可能附和其他人,也有可能克制自己不做回应,所以同龄人的参与有时不利于衡量被试的最高能力。

4. 为了帮助一名学生获得最佳成绩,在每次评估时都要对其进行鼓励和肯定。

5. 如果评估者在使用某一特定领域的一系列技能时,学生连续做出了三个不正确的反应,停止评估并从学生做出不正确的反应之前的第一个技能开始教学。必要时,重新评估,以确定学生是否学会并保持了这项技能。

6. 在转向另一个领域的评估之前,并不一定要完成已评估领域的所有目标技能。

三、教学

本书所设计的活动,既可以评估儿童技能发展的现状,又可以为接下来的技能发展训练提供参考指南。因此,作为一种教学工具,本书具有项目干预与教学资源的引导与借鉴功能,帮助教师为每一位学生制定出个别化适宜的技能学习目标,并在课程与教学中有目地培养和提高。

（一）制定教学计划

1. 确定教学目标

通过评估,了解学生还没有掌握的技能,选择其中一项或多项技能作为目标。这些目标可以使用技能编号在本书中查找相应的活动信息。然后,根据学生的个体需要、设备材料的资源、教师的技能、教学的环境、家长的参与及日程的安排等,考虑这些活动是否需要进行调整并制定相应的教学计划、准备教具学具、创设教学情境等。

2. 开展教学活动

根据书中建议的活动,教师在不改变活动目标的情况下,可以根据学生的特殊需要进行相应的活动调整,同时记录下所做的调整或修改,以便为某一项类似的技能活动或者对开展这项活动训练的其他人提供参考帮助。本书建议的教学活动注重通过足够的重复和强化来帮助学生在一系列活动过程中获得某项技能,特别是在整个活动中尽可能多鼓励每个学生去探索和体验。

3. 进行教学评价

在教学活动实施后,要对活动的有效性、管理的难易度、满足学生的兴趣水平等进行反思和评价,检查教学活动是否具有激励性、是否提供了一个观察学生进步的工具、是否具有技能迁移的特征等,同时做出相应的结论。

（二）编写训练教案

本书中所设计的技能评估与训练的内容,都是基于日常教师在实践中开发的教学活动,且都标明了活动主题、能力要求、兴趣水平及所需的材料清单等。因此,所有活动都是可以针对每个学生的独特需要进行调整修改的,它有助于指导教师设计个别化的具体技能训练活动方案。

1. 教案的结构模块

专注于技能训练的互动,一般也需要一个结构化的模式,它可以是跨几个课时的个别化教学。这对于教学的个别化是非常有效的,因为它使教师能够有条理地呈现教学训练的内容。在使用本书指南编写教案时,建议应包含以下四个环节的模块:教学引入、教学实施、教学测评和信息记录,而每一环节又应包含若干子项要求(见下表)。

教学引入	时间安排:确定教学的频率和持续时间
	目标陈述:让学生了解学习任务要求
	动机激励:使学生认识到学习的目和意义
	起点评估:评估学生的先备技能和训练的起点
教学实施	课堂讲授:采用讲授、阅读或演示等典型的课堂讲授教学方法,组织学生通过讨论、操练、读写或其他形式来学习知识技能
	示范模仿:首次技能训练,教师做分解展示动作,学生跟着模仿
	连锁操练:二次技能训练,学生连贯模仿教师成套动作
	巩固强化:三次技能训练,通过教师的纠正和强化来提高学生的准确度和速度
教学评测	测验/观察:如果学生未达标,则需进一步训练,帮助补习;如果能够掌握,则进行进阶训练
	评价记载:在个别化教育计划和评估记录册中记载学生的成绩
数据记录	日常教案:记载教师日常的教学情况和所用材料
	学生信息备注:记载学生训练中相关的事件信息,如趣事、轶事等
	学生进步数据:记载评估的项目结果记录

(1) 教学引入

教学引入主要包括时间安排、目标陈述、动机激励和起点评估方面的内容。时间安排主要指学生学习所需持续的时间及频率。持续时间是指学生实现目标所需的教学时间长度。时间中的频率因素指的是学习行为发生的时间:每日、每隔一天或每周。

目标陈述和动机激励是相辅相成相的,主要是让学生了解自己学习任务的要求,进而激发起学习的愿望。对于一些目标来说,时间持续可能是几个星期或几个月。起始训练的时候,必须通过目标陈述来让学生了解自己的学习目标并努力去实现它,这可以通过直接告知或采用其他的交流方式来帮助学生发现学习目标。然后,帮助学生认识学习目标的原因或获得努力学习的动机。学习的动机可能来自学生自身、同龄人、教师,甚至来自材料或活动本身。

起点评估是考察学生是否具备学习新技能的基础,即在开始教学之前,要明确学生是否具备了必要的先备知识和技能,找到学习技能的起点。如果学生准备得不够充分,应该通过一些活动来提升他的能力。

(2) 教学实施

教学实施主要包括讲授、示范模仿、连锁操练、巩固强化四个方面的内容。讲授主要是指课堂上所运用的典型的教学方法,包括讲课、提问、课文阅读和演示。学生在领会教师讲授的基础上,对传授的知识和技能以某种方式进行组织和表达做出回应。回应的方式可以表现在讨论、操练、书写和一些其他的活动中。

示范模仿是指教师做出示范动作,学生随后进行模仿。这是技能习得的重要方式。

连锁操练是指在一些更复杂的技能的学习中,需要学生对教师的成套动作进行连贯的操作练习。

巩固强化是指在技能学习和行为塑造过程中,通过教师的观察、纠正和强化,使学生技能的准确度和速度都有所提高,使目标行为得到进一步强化塑造。

(3) 教学评测

教学评测包括测验、观察两个方面的内容。在教学结束的时候,以测验和观察的方式来测评学生是否已经掌握了或胜任了所要训练的目标行为或技能。如果测评表明学生还没有掌握,那么就需要提供进一步指导或补习;如果学生已经掌握,他就可以进行下一个技能或行为的进阶训练,并且把学生掌握的技能记录在个别化教育计划(IEP)和《评估记录》中。

(4) 数据记录

数据记录主要包括日常教案、学生信息备注、学生进步数据三个方面内容。好的教学需要保持良好的教学日志记录习惯,它可以为教师的教学提供诸多有益的观察总结经验信息。日常教案是必不可少的可以显示教学材料、教学过程和教学情况的文本;学生信息备注则是为了记载与学生发展相关的或有趣的轶事,可以帮助教师了解学生的个性品质与特殊需要;学生进步数据是教学测验和观察的结果,也应是教学的常规记录。

2. 教案框架案例

为了便于读者的理解和学习,本书仍以第一分册《儿童认知发展:评估与教学》的教案(简案)框架样例,供读者参考,如需要了解的相关具体内容,请读者参阅该分册。通过教案框架案例所呈现的训练模式与本书所设计的行为/技能活动进行比较,可以看出本书所提供的活动设计都可以直接作为教学活动的依据。当然,有时候应根据学生个体差异及其特殊需要进行必要的调整修改,或重新进行模仿设计。学习活动可以同时用于同班的其他学生,但在行为、条件和程度上要有区别,以满足不同个别化教育的目标。对于某些特殊儿童,某些技能或行为的教学可能花费几个星期,甚至一年的时间,直到学生掌握为止。因此,教师也许在这个期间只进行同一个教案活动。

教案样例

学生姓名:××(1年级)

【情况说明】学生××认知发展迟滞,在监管下专心于任务的时间不超过10秒钟。她总是转移目光、离开原处或者自我刺激。针对注意力问题,干预计划着重结构化训练和大量的练习强化。

目标:增加学生的注意力持续时间。 (基准:对于一项简单的或熟悉的任务,学生在没有监管的情况下,专心于任务达5~10秒钟,维持任务率(功能表现)达到80%的随机水平(见注意力维持:01.04)。)
1. 教学起点 　　指导该名学生做一项简单、具体的手工活动,在没有监管的情况下做5~10秒钟,每周2~4次,直到掌握为止。如果可行的话,还可以实施另外一项活动。 2. 教学实施 活动主题:面团画 (1)示范模仿 　　教师向学生演示如何用面团进行画画,学生在手把手的帮助下模仿; 　　教师示范画画,学生在提示下模仿; 　　教师或同学示范,学生在鼓励表扬中模仿。 (2)巩固强化(行为塑造):继续提供模仿的示范活动(如果可行的话,可用另一活动替代) 　　教师诱发学生做出回应并给予奖励。 　　教师纠正学生的反应并给予奖励和表扬; 　　教师提示学生做出反应并给予高度的赞扬。 3. 教学评估 　　继续这种方式的训练,直到学生做一项简单的任务,10次中能有8次持续到5~10秒钟。 4. 教学记录

(续表)

日期	活动记录	评估/成绩
	开始在面团上画画;示范模仿A,巩固练习A学生好像害怕面团	－
16.03.13	面团画画;示范模仿B,巩固强化A	－
16.03.14	面团画画;示范模仿B,巩固强化B	＋
16.03.17	面团画画;示范模仿C,巩固强化B	－
16.04.10	面团画画;示范模仿由B到C,巩固强化B	＋/－
16.04.11	面团画画;示范模仿由B到C,巩固强化C	＋
16.04.18	常规手指画画;示范模仿C,巩固强化C	＋/－
16.04.25	常规手指画画;示范模仿C,巩固强化C常规手指画画好,但是太乱	＋
16.05.08	面团画画;示范模仿C,巩固强化C	＋

(三) 特殊需要的教学调整

本书所列出的所有技能和行为并非适用于所有学生。由于学生的年龄和发展水平,很多内容并不一定适合一些学生的特殊需要,特别是有些技能可能因学生的残疾导致的障碍而无法操作,或者有些技能可能对于某个特定的学生不重要而不必评估(如:在平衡木上行走的能力相对于一个在运动或平衡方面毫无困难的学生而言就不必要进行评估)。因此,在借鉴本书开展教学活动时,对教学内容、方法等必须做出相应的调整以满足个别学生的特殊需要。下表是针对一些儿童的特殊需要,特别是针对一些学生的障碍情况,提供的一些教学调整建议,供读者参考。注意,这些建议同样适用于面向正常发展的学龄前学生的教学。

听觉障碍	1. 说话时面向学生。 2. 用手势来增强说话效果(如:指着、摇头等)。 3. 说话清晰而缓慢,但要避免夸张的口部动作。 4. 限制外部的噪音。 5. 在教学时进行视觉提示。 6. 使用简单的句子和图片。 7. 注意重复并给予学生一定时间的视觉感知活动。 8. 活动开展所用的方法要前后一致。

(续表)

智力障碍	1. 注重实操动手方法的运用。 2. 反复教学。 3. 采取任务分析法逐步学习。 4. 给予正强化和不断的鼓励。 5. 保支持性的氛围并对学生为成功完成任务所做的尝试进行正强化。 6. 允许学生多花一些时间来完成任务。 7. 清晰地解释活动每个步骤。 8. 鼓励学生独立解决问题。
运动障碍	1. 改变环境以增加学生的可参与度。 2. 把材料放在学生容易够得着的高度。 3. 调整改装教学具及相关的设施等以满足学生的需要。 4. 对必要的器材调整改换所花费的时间进行补偿。 5. 如果学生不能到活动中心，把活动带到学生面前进行。 6. 从简单的技能过渡到复杂的技能。 7. 限制一些书面材料。 8. 消除学生在达到要求方面的压力;表扬其达到水平的努力。
行为障碍	1. 消除无关的材料或其他干扰的因素。 2. 通过强化把失败降至最少。 3. 根据学生注意力集中的时长控制学习时间,从而把挫折降到最少。 4. 行为管理应保持前后一致。 5. 在活动中伴随适当的提示。 6. 尽量限制不必要的噪音,让学生在安静的地方学习。 7. 了解对学生学习产生干扰的行为。 8. 找出最好的教学形式并对这些活动提供支持。
言语障碍	1. 特别留意学生的自我形象。 2. 尽可能地采用一对一的情境教学。 3. 减少学生外在的压力。 4. 强化学生的接受性语言,促进表达性语言。 5. 提供口头互动之外的视觉和其他方面的经验。 6. 学生说话的时候注意倾听。 7. 不用纠正学生的讲话模式。
视觉障碍	1. 使用听觉和触觉方面的电子设备。 2. 使用字体放大书面材料。 3. 充分利用听觉和触觉通道参与学习。 4. 尽可能地使用听觉信号。 5. 鼓励学生熟悉自己周围的环境。 6. 大声读给学生听;回答学生的问题并根据需要进行重复。 7. 使用类似的或相关的信息来帮助学生建立概念。 8. 善于使用手指描摹、触觉分类和凸起的符号等。

第一章 听觉训练

根据声音线索辨别刺激物

行为标识

不能对语言或声音做出反应

对所有的声音都给予相同的注意（例如：说不出主要的声音）

关注的是声音而不是老师的讲话

不能按正确顺序重复语言（故事、诗、符号）

不听指挥

不能区分较大的或者细微的声音上的差别

不能正确地对声音分类

不能正确地重复旋律和节奏

■ 1.01　对于突发的大声响做出惊讶的反应

活动主题：听觉反应
能力要求：听力、动手能力
兴趣水平：学前
材料：立体声音响、钢琴、鼓

1. 把学生带到一个安静的区域。
2. 让学生坐在立体声音响的旁边，把他的手放在立体声音响的扬声器上。
3. 把音量调大持续2秒钟，观察学生的反应。
4. 把音量调低。
5. 把上述操作重复几遍。
6. 改用其他音响设备。

■ 1.02　把头转向发出大声响的声源

活动主题：声源定向
能力要求：听力
兴趣水平：学前、小学
材料：声音发生器或手机里的音频

1. 让学生坐在椅子或地板上。
2. 告诉学生"闭上眼睛。老师将会弄出声音。当你们听到声音的时候就转向它"。
3. 教师弄出声音。
4. 根据需要进行重复。
5. 告诉学生"转向声音传出的地方"。
6. 在室内不同的地方弄出声音，并说"转向声音传出的地方"。
7. 教师还可以让学生使用眼罩来代替闭眼的动作。

■ 1.03　在其他声音出现时专注于主要的声音

活动主题：区别主要声音

能力要求：听力

兴趣水平：学前、小学

材料：眼罩

1. 让一个学生用眼罩遮住眼睛，并让他站在房间的一边。
2. 让另一个学生充当他的助手。
3. 告诉这个学生，老师将会在房间里的某个位置叫他的名字。
4. 告诉他不要留意其他活动，注意听他自己的名字。
5. 告诉助手站在这个学生的旁边并给予保护，不要让他撞在任何东西上。
6. 叫这个学生的名字。
7. 如果这个学生注意听并听到了老师的声音，奖励他选择下一个学生并充当那个学生的帮手。

■ 1.04　在出现声响时立刻停止活动

活动主题：随声音指令活动

能力要求：听力、动手能力

兴趣水平：学前

材料：钟声、音叉、三角铃

1. 把学生带到一个安静的区域。
2. 收集几种有趣的物品，使其振动，发出声音。
3. 让学生在听到声音时，停下其他活动尽情地听和感受声音。
4. 在一天中不同的时间和地点使用熟悉的有趣的声音。
5. 刚开始，不必连续使用太多的声音。

■ 1.05　伸手去触摸发声器或者转向声响传来的方向

活动主题：声源定位

能力要求：听力、动手能力

兴趣水平：学前、小学

材料：发声器

1. 收集不同的能发出悦耳声响的发声器。

2. 让学生坐在椅子上。
3. 用眼罩遮住学生的眼睛。
4. 如果学生是第一次戴眼罩,可以用眼罩为他做示范。
5. 如果有必要的话,可以在学生第一次戴眼罩时进行鼓励。
6. 让学生注意听发声器所发出的声音并伸手去触摸它。
7. 如果学生在第一次就把手伸向正确的方向,给他几秒钟的时间玩发声器。
8. 如果学生的反应不正确,让他仔细听,然后再试一次。
9. 继续下去,并且每次都把发声器移动到一个不同的位置。

1.06　在5秒钟内对说话者做出反应——直视对方

活动主题:随声音指令活动

能力要求:视力、听力

兴趣水平:学前、小学

材料:呼啦圈、椅子

1. 用呼啦圈平放在地上,作为领奖台。
2. 准备带有秒针的手表或钟表(计时器)。
3. 让学生面朝墙壁坐在椅子上。
4. 告诉学生在老师说话的时候要转身看着老师。
5. 对学生说"看着我"。
6. 告诉那些看着老师的学生:他们是获胜者,可以站在呼啦圈里。
7. 让其余的学生再次面朝墙壁,直到所有的学生都完成任务成为获胜者。

1.07　对轻柔的声音做出积极反应

活动主题:随声音指令活动

能力要求:听力

兴趣水平:学前、小学

材料:摇椅、音乐

在一位语言治疗师的指导或帮助下使用或改编。

1. 让一个学生坐在摇椅上。

2. 确保房间的安静以及学生的舒适。
3. 当你轻声说话或者播放轻柔的背景音乐时,提示学生让摇椅摇动起来。
4. 停止播放音乐或说话,同时提示学生停止活动。
5. 在其他快乐的时间把轻柔的音调和有趣的活动联系起来。
6. 经常重复这些活动。

1.08 指出声源的大致方向

活动主题:声源定向
能力要求:听力、动手能力
兴趣水平:学前、小学
材料:发声器(如:铃、鼓、振动器)

1. 让学生坐在场地的中央。
2. 把发声器介绍给学生,以便让他们知道将要听到什么样的声音。
3. 让学生闭上眼睛或者用眼罩遮住双眼。
4. 告诉学生:老师将要利用发生器发出声响,而他们将要指出声响出自哪里。
5. 对学生说"指出声音在哪里发出"或"指出方向给我看"。
6. 允许学生在回答之后看一看声响传来的位置。
7. 让声响位于学生的前面、后面、左边或右边、上面和下面。
8. 继续进行,直到学生能够指出声音传来的方向。

1.09 根据声音变化而改变活动

活动主题:随声音指令活动
能力要求:听力、动手能力
兴趣水平:学前、小学
材料:发声器

1. 把学生的椅子摆成半圆形。
2. 把手机放在班级学生的后面。
3. 告诉学生准备听音乐,在听到音乐的时候站起来。
4. 开始播放音乐。

5. 帮助那些仍然坐在椅子上的学生。
6. 重复上述操作。
7. 让学生在听到音乐时站起来摇摆或前进,以此来增大难度。

■ **1.10** 当别人一边打手势一边说出相应的词语时,模仿这个手势

活动主题:随声音模仿手势
能力要求:听力、动手能力
兴趣水平:学前、小学

1. 让学生站成一排或坐成一排。
2. 选择领队。
3. 告诉学生老师将要说出领队的名字,同时伴以相应的手势。
4. 给出具体的相应手势。
5. 让学生模仿手势。
6. 告诉学生如果老师给出手势但没有说出领队的名字,他们就不要模仿手势。
7. 淘汰那些在领队的名字没有被提及的时候模仿老师的手势的学生。
8. 开始下一轮,直到剩下来的最后一个学生就是获胜者。

■ **1.11** 环境声响匹配,从一组声响中选出一个最相似的声音

活动主题:随声音模仿手势
能力要求:听力、动手能力
兴趣水平:学前、小学、中学
材料:小型塑料容器、豆子、盐、大米、面条等

1. 发给每个学生两个容器(根据学生情况可以更多),每个容器都装满不同的东西。
2. 教师也留与学生同样的一套容器。
3. 让学生摇晃两个容器并听一听有什么不同。
4. 教师从自己的容器中选一个并摇晃它,学生注意听发出的声音。
5. 让学生选择一个可以发出刚才相同声响的容器。
6. 如果学生选错了,为他示范正确的答案并进行重复。

7. 教师还可以把学生分组，发给每组学生一套容器，让学生以小组为单位，比赛谁能给出最正确的答案。

■ **1.12　不听声音，就能对周边环境中的声响进行分组对应**

活动主题：声响分组
能力要求：视力、听力、动手能力
兴趣水平：学前、小学
材料：图画纸、杂志、糨糊、剪刀、纱线

1. 为每个学生制作一本书。
2. 把每一页用地名做标记，如：厨房、动物园、操场、商店等。
3. 发给每个学生图画本、旧杂志、糨糊和剪刀。
4. 告诉学生从旧杂志上剪出各种场合中，与声音有关的图片，如：人、动物或者其他可发出声响的物件。
5. 让学生把这些图片根据地点标记进行分组，粘贴在相应的书页上。
6. 根据需要提供帮助。
7. 展示把图片贴在正确的标题下方的那些书。

■ **1.13　指出一些常见声响的具体声源**

活动主题：声响辨别
能力要求：听力、动手能力
兴趣水平：学前、小学
材料：能发出声响的物品

1. 准备至少 10 个不同的能发出声响的物品。
2. 把这些物品放在桌子上。
3. 为学生展示每个物品所发出的声响。
4. 让学生在距离桌子 8～10 cm 远的椅子上背朝桌子坐下来。
5. 用一个物品发出声响，然后快速把它放回到桌子上。
6. 让学生指出发出声响的物品。
7. 如果学生指错了，再次让物品发出声响。

8. 重复上述操作,直到学生能够正确匹配所有的声响和物品。

9. 在学生正确完成任务后,给他几分钟时间玩耍这些物品。

■ 1.14 辨别声音的远近或上下

活动主题:声源辨别

能力要求:听力

兴趣水平:学前、小学

材料:有趣的高低音乐器、玩具、奖品、食物

1. 收集能发出不同音高、音低的乐器。
2. 把学生带到一个安静、熟悉的,几乎没有听觉干扰的环境中。
3. 演奏音乐给学生听,确保他们能辨别出音乐的来源。
4. 用眼罩遮住学生的眼睛。
5. 位于学生不同的方位来奏出音乐。
6. 让学生指出音乐传来的方向。
7. 如果可能的话,让他指出"近、远、上、下"。
8. 注意学生没能正确指出哪些位置上的音乐,以便进一步练习。

■ 1.15 对各种活动相关的声音模式做出适当的反应

活动主题:随声音指令活动(抢椅子游戏)

能力要求:听力、运动能力

兴趣水平:学前、小学、中学

材料:能发出声响的物品

1. 把椅子摆成一圈,让椅子比围在外圈的人数少一个。
2. 用能发出声响的物品或双手发出声响。
3. 让学生绕着椅子走动并且在听不到声响或声响发生改变的时候坐到椅子上。
4. 开始时先通过停止音乐或声音作为坐下来的信号,然后逐渐改变模式。
5. 淘汰在音乐或声音停止后没有抢到椅子的学生,让他回到自己的座位。
6. 在每段音乐或声音之后搬走一把椅子,开始下一轮,直到最后剩下的获胜者。
7. 抢椅子游戏最后剩下的学生就是获胜者。

1.16 辨别刚发出的声音或所说的话语

活动主题：声响辨别

能力要求：听力、语言

兴趣水平：学前、小学、中学

材料：玩具动物、眼罩、桌子

1. 把玩具动物和乐器放在桌子上。
2. 让学生围坐在桌子旁。
3. 寻找愿意主动参与活动的学生。
4. 要求学生说出在他眼睛被遮住后听到的这些声响是什么。
5. 选一个学生来制造声响。
6. 让他拿起一件乐器来演奏或者拿起一个玩具动物来模仿发出动物叫声。
7. 让遮住眼睛的学生说出这些声响的名字。
8. 如果这位学生回答正确，让他选择下一个学生来猜测这些声响。
9. 如果这位学生回答错误，告诉他这种声响是什么，把声响重复一遍，然后再让他试一次。

1.17 辨别响亮的和柔和的声音

活动主题：声响辨别

能力要求：听力、语言

兴趣水平：学前、小学

材料：鼓、口哨、钢琴、铃

1. 收集能够发出响亮的和柔和的声音的各种物件。
2. 演示这些物件怎样才能发出响亮的和柔和的声音。
3. 让学生准备好辨别每一种声音是响亮的还是柔和的。
4. 让一个物品发出响亮的声音。
5. 让学生说出这个声音是响亮的还是柔和的。
6. 继续让学生辨别其他所有的物品所发出的声音。
7. 让回答错误的学生再试一遍。

1.18 辨别不同音调的高低

活动主题：声响辨别
能力要求：听力、动手能力
兴趣水平：学前、小学
材料：钢琴

1. 在钢琴上敲一下中音"C"，让学生来听。
2. 在钢琴上敲一个比"C"高的音调。
3. 告诉学生如果第二个音调比第一个音调高，就把手举到高于头顶的位置。
4. 敲一个比"C"低的音调。
5. 告诉学生如果第二个音调比第一个音调低，就用手指向地板。
6. 继续先敲"C"再敲另一个音调，让音调由高到低变化。
7. 老师还可以哼唱音调或使用有节奏的乐器来代替使用钢琴。

1.19 对声音进行分类

活动主题：声音辨别
能力要求：听力、语言
兴趣水平：学前、小学

1. 选一个学生走到全班面前。
2. 图示或耳语，让他模仿自然界的声音。
3. 让他发出这种声音并选择另一个学生来说出这种声音的类别。
4. 做出回应，如：对，是奶牛的叫声，奶牛是一种动物。
5. 如果另一个学生回答正确，让他接龙参加活动，发出下一种声音。
6. 如果另一个学生回答不正确，选择其他学生说出这种声音的类别。
7. 继续下去，直到所有的学生都得到2次机会。

1.20 重复简单的词语

活动主题：象声词模仿
能力要求：视力、听力

兴趣水平:学前、小学

材料:农场动物玩偶(猪、狗、母牛、马、猫)

1. 让学生围成一圈。
2. 介绍猪、狗、母牛、马、猫的玩偶,模仿每一种动物的特色叫声。
3. 为学生选择一种动物并模仿动物的叫声。
4. 选择自告奋勇的学生模仿动物叫声。
5. 把相应的玩偶交给学生,让他练习这种声音。
6. 带领其他学生为其鼓掌。
7. 继续活动,让学生模仿其他玩偶的叫声。
8. 所有学生一起模仿动物的声音,让教室变成动物农场。
9. 如果教师感兴趣,可以录音并重播这些声音。

1.21 对无意义的字(词)音进行重复

活动主题:听话练习

能力要求:走动、听力

兴趣水平:学前、小学

材料:字卡

1. 准备一个写有语气词的字卡。
2. 让学生站在他们座位旁。
3. 告诉学生他们将要玩"小明说"的游戏。
4. 介绍游戏规则,只要老师所说的话里有"小明说"这三个字,他们就要重复老师的话。
5. 如果老师没有说"小明说"这三个字,他们就要保持安静。
6. 开始游戏,老师说"小明说,呀咿啊"(换顺序或改成其他字,增加难度的话,可以增加字),或者只说"呀咿啊"。
7. 如果学生没有听到"小明说"这三个字就说话了,让这个学生坐下来。
8. 继续下去,直到只有一个学生站着。
9. 让他成为下一个"小明"来主持游戏。

■ 1.22　区别不相似的发音,如:z、c、s、r

活动主题:辨音练习
能力要求:听力、语言、动手能力
兴趣水平:小学

1. 告诉学生他们将要听到一些包含 z、c、s、r 声母开头的词语,如"滋滋""子弹""次次""词语""丝丝""丝绸""日日""日子"等。
2. 让学生先后听上面的词语发音。
3. 指着一两个学生,让他们说出"子弹"中 z 的读音。
4. 让其他学生练习 c、s、r 的读音。
5. 还可以让学生轮流说出所有的语音。

■ 1.23　区别相似的发音,如平舌音、翘舌音

活动主题:辨音练习
能力要求:听力、语言、动手能力
兴趣水平:小学

1. 告诉学生他们将要听到一些包含 z、zh、c、ch、s、sh、r 声母开头的词语,如"滋滋""吱吱"和"次次""吃吃"等。
2. 让学生先后听上面的词语发音。
3. 指定一两个学生,让他们跟读,特别注意舌位的变化,读平舌音时舌头平伸抵住或接近上齿背,发翘舌音时舌尖翘起,接触或接近前硬腭。
4. 如果没有问题,可以提高难度,老师读出一组词语,让学生听平翘舌音是否正确。
5. 增加一个活动,如 1.23 一样的形式开展活动,让学生区别前鼻音和后鼻音,或根据方言区情况区别易读错的发音。

■ 1.24　区别发音时的气流

活动主题:辨音游戏
能力要求:听力、语言、动手能力

兴趣水平:小学

材料:餐巾纸、字(词)表

1. 学生面对面坐着。
2. 让学生拿好一张餐巾纸放在眼睛前方,餐巾纸下端离嘴巴 10 cm 左右。
3. 教师读出字词表上的词语(以 b、p、m、f、d、t、n、l、g、k、h、j、q、x 声母组词)。
4. 学生猜猜,读这个词时,餐巾纸会不会被气流冲得飘起来。
5. 一位学生跟读词语,对面的学生观看。
6. 交换一下,对面的学生读词语,另一位观看。
7. 如果学生发错音,相互帮助纠正错误。
8. 让学生重复练习这些词的发音。
9. 也可以让学生用手放在嘴边,感受气流的变化。

1.25 辨别字音

活动主题:辨别语音

能力要求:视力、语言、动手能力

兴趣水平:学前、小学

材料:纸板或黑板、小动物

1. 在纸板或黑板上画一所大房子或谷仓。
2. 把大房子或谷仓分成许多方格,在每个方格中写上字和拼音字母。
3. 从杂志上剪下(或打印)一些小动物图片。
4. 把一张图片拿给学生看。
5. 说出动物的名字,说"我是一只……""把我带回家"。
6. 指导学生在完整的句子中说出动物的名字,教师接着说"这是你的家",然后指出写有相应字和拼音字母的方格。
7. 让学生把这个动物图片放进它所属的方格。
8. 让学生为每个动物找到一个家。
9. 教师还可以使用每个学生的名字以及学生的照片。

1.26 辨别词语的先后语音

活动主题:词语接龙游戏

能力要求:听力、语言、动手能力

兴趣水平:小学、中学、青少年

材料:铃、蜂鸣器、黑板

1. 把铃交给一个学生,把蜂鸣器交给另一个学生。
2. 告诉拿着铃的学生,听到正确的回答就按铃。
3. 告诉拿着蜂鸣器的学生,听到错误的回答就打开蜂鸣器。
4. 指定学生在黑板上计分,每一次铃响得一分。
5. 把其余的学生分成两组。
6. 给第一个学生一个简单的词语,例如"我们"。
7. 告诉这个学生用"我们"的"们"来接龙(可以谐音),组成下一个词语,如"门口"或"闷热"。
8. 如果学生回答错误,给予必要的提示或告诉他正确的答案。让他重复教师的答案,以便检查他是否理解。

1.27 辨别三字词的先后语音

活动主题:辨别语音

能力要求:听力、动手能力

兴趣水平:学前、小学、中学

材料:图片、彩色纸

1. 准备3张不同色彩的纸。
2. 画出火车发动机、中间车厢和最后一节车厢的轮廓。
3. 准备几组图片,在这些图片上写好词语和拼音,如:红领巾、白毛巾、白领带;大鸭梨、小香梨、小鸭子……
4. 要求学生大声读出每张图片的名字,把每张图片放到"火车"上。
5. 根据学生能力,可以先把一个词分成三个字(红、领、巾),如:把(红)放在火车头,(领)放在中间车厢,尾字(巾)放在最后一节车厢。
6. 也可以把词语中首字与其他词语不同的一张图(红领巾)放在火车头,中间字不同的一张图(白毛巾)放在中间车厢,尾字不同的一张图(白领带)放在最后一节车厢。
7. 把连好的"火车"放在桌子上。

8. 教师还可以选 3 个学生分别拿着"火车"的一部分。如果图片放置正确,让拿着那一部分"火车"的学生站起来,一边发出"突突"的声音,一边在其他学生周围走动。

9. 根据学生学习程度与兴趣,如果要增加难度,还在可以找到词语放进火车时,圈出首字、中间字、尾字,看看能否做谐音游戏,如 ⓡ领巾、白ⓜ巾、白领ⓑ,谐音红帽带;ⓓ鸭梨、小ⓧ梨、小鸭ⓩ,大箱子……

■ **1.28 对节奏进行重复**

活动主题:节奏游戏
能力要求:听力、动手能力
兴趣水平:学前、小学
材料:鼓、铅笔、方格纸

1. 把一只鼓展示给学生。
2. 给鼓起一个昵称,如:嘭嘭。
3. 示范如何敲鼓。
4. 让学生随着节奏拍手。
5. 改变敲击频率,让学生在变化中适应新的速度。
6. 提示学生跟上节奏。
7. 发给每个学生一张方格纸和一支笔。
8. 教师开始敲鼓。
9. 每次敲鼓的时候都让学生在方格中跟着节奏画点或画线。
10. 如果学生没能掌握,放慢节奏或再次采用拍手的形式。

■ **1.29 对旋律进行重复**

活动主题:旋律游戏
能力要求:走动、视力、听力、语言
兴趣水平:学前、小学、中学
材料:木琴、钢琴

1. 在木琴或钢琴上演奏主要的音阶，告诉学生所有的音乐都是以音阶为基础的。
2. 唱一些音阶哆来咪发梭拉西，然后从后往前唱，让学生跟着你重复。
3. 一边把音节和音阶结合起来做示范练习，一边唱这些音阶。
4. 让学生跟着你重复上述旋律，一开始放慢速度，然后逐渐加快速度。

■ 1.30 识别词语的组成音节

活动主题：听读音找图片
能力要求：视力、听力、语言
兴趣水平：小学
材料：图片

1. 让学生围坐在桌子旁边或坐成一圈。
2. 准备好各种物品图片，先不给学生看。图片物品名称为由2～4字组成的词语，如：卡车、卡片、咖啡、扑克、坦克、巧克力、马拉松、鸡毛掸子、高尔夫球……
3. 告诉学生老师将要把词语分解成几部分，一个字一个字地说，而他们将要把"破碎的"词语组合在一起，
4. 教师说："卡——片"，在呈现每个字的时候中间停顿1～2秒钟。
5. 如果学生正确辨认出一个词语，让他从图片中拿出那张相应的图片，并且连贯地读出词语"卡片"。
6. 如果学生不能把听到的字连接起来，教师给出情景例句，提示学生，如把"被分割的"词语放在句尾，"老师手里拿着一张卡——片"。
7. 开始的时候使用带有2个字的词语，然后逐渐使用3～4字词语。

■ 1.31 辨别字（词）发音中的声调差异

活动主题：看图辨音游戏
能力要求：走动、听力
兴趣水平：小学
材料：词语卡片（松鼠，松树，土地，徒弟，职业，枝叶，及时，急事，知道，指导，中

华、种花、乘法、惩罚、天才、甜菜、司机、四季、大雪、大学、完了、晚了、百年、拜年、通知、同志、珠子、竹子、大理石、大力士）

1. 画出方形场地,中间用绳子区分左右,学生先站在绳子右侧。
2. 教师出示词语卡片,读出词语。
3. 学生听到后,仔细分辨,如果教师读的是右边的词语则不动,如果教师读的是左边的词语则跳到左边。
4. 判断错误的学生出局,回到自己座位。
5. 继续活动,教师出示下个词语,学生根据教师读音,判断是否需要调整位子。
6. 最后留下的获胜学生做小老师,继续新一轮活动。
7. 还可以根据前后鼻音,平翘舌音的辨析,进行同样的活动。

1.32 识别一个词语不同的读音

活动主题:辨音游戏
能力要求:视力、听力、语言
兴趣水平:小学、中学
材料:纸板、剪刀、水彩笔、图画纸、大头针

1. 用口袋或小布袋制作立体的狗盘,让学生能够向里面放骨头。
2. 把一个狗盘标记为"长",另一个狗盘标记为"短"。
3. 画出两只面对面的狗,一只是个头矮的泰迪狗,另一只是身体长的狼狗。把它们的图片贴在板子上。
4. 把标记为"长"的狗盘,放在狼狗的前面;把标记为"短"的狗盘,放在泰迪狗的前面(如图1-1)。

图1-1

5. 用白色或灰色的图画纸剪出狗骨头,并在每个"狗骨头"上写出要读原声调或读轻声的词语,如:老子(第三声)、老子(轻声),地道(第四声)、地道(轻声),东西(第一声)、东西(轻声),兄弟(第四声)、兄弟(轻声),对头(第二

声）、对头（轻声）

6. 把"狗骨头"用大头针别在狗后面的纸板上。

7. 让学生拿起骨头，说出这个词，并试着说个句子。并拿读轻声的词"喂"给"短"狗，否则把词"喂"给"长"狗。

8. 如果学生正确完成，可以选择另一个学生来接替他。

9. 如果学生做得不正确，告诉他正确答案并让他重复。选择下一个学生来"喂"狗。

■ 1.33 识别字词组合

活动主题：词语颠倒游戏

能力要求：视力、听力、语言

兴趣水平：小学

材料：词语卡片

准备一组词语，前后换位能变成新的词语，如：手枪、枪手，牛奶、奶牛，蜂蜜、蜜蜂，牙刷、刷牙，水泥、泥水，上海、海上。

1. 把词语写在两张卡片上，每张卡片一个字。
2. 教师出示2张字词卡片。
3. 在展示这些字词卡片的时候，让学生读出卡片上词语组合的发音。
4. 把词语卡片位置交换。
5. 再让学生读出现在看到的卡片。
6. 鼓励学生想出包含这些词语的句子。

■ 1.34 识别词语中每个字换位后的读音与意思

活动主题：词语颠倒游戏

能力要求：视力、听力、语言

兴趣水平：小学

材料：词语卡片

准备一组词语，前后换位能变成新的词语，如：手枪、枪手，牛奶、奶牛，蜂蜜、蜜蜂，牙刷、刷牙，水泥、泥水，上海、海上，喜欢、欢喜，演讲、讲演，互相、相互，积累、累积,觉察、察觉。

1. 把词语写在两张卡片上,每张卡片一个字。
2. 教师出示2张字词卡片。
3. 在展示这些字词卡片的时候,让学生读出卡片上词语组合的发音。
4. 把词语卡片位置交换。
5. 再让学生读出现在看到的卡片。并让学生说说两个词语是否一样。
6. 鼓励学生想出类似的词语。

1.35 识别听到的词语

活动主题:传声筒游戏

能力要求:视力、听力、语言、动手能力

兴趣水平:小学

材料:卷筒纸筒、图片

1. 教师准备好图片,上面有图片的文字和拼音(如:鸭子、牙齿,犁地、泥地,同学,童鞋,牛奶、流奶……)
2. 把学生分成两组,每组4~5人进行比赛。
3. 教师把图片出示给每组第一个学生。
4. 学生拿好传声筒(卷筒纸筒,也可以学生自己制作),对好第二位同学的耳朵,轻声说出词语。
5. 学生一个接一个传递听到的词语。
6. 最后一位学生,到前面来寻找词语图片,并贴到黑板上。
7. 老师充当裁判,出示之前的词语。
8. 正确的组加上一分。
9. 继续进行游戏。

1.36 按顺序识别听到的词语

活动主题:传声筒游戏

能力要求:听力、语言

兴趣水平:小学、中学

材料：卷筒纸筒、图片

1. 教师准备好图片,上面有图片的文字和拼音(如:鸭子、牙齿,犁地、泥地,同学、童鞋,牛奶、流奶……)
2. 把学生分成两组,每组 4~5 人进行比赛。
3. 教师把两张图片依次出示给每组第一个学生。
4. 学生拿好传声筒(卷筒纸筒,也可以学生自己制作),对好第二位同学的耳朵,轻声说出词语。
5. 学生一个接一个传递听到的词语。
6. 最后一位学生,到前面来寻找词语图片,并贴到黑板上。
7. 老师充当裁判,出示之前的两个词语。
8. 正确的组加上一分。
9. 继续进行游戏。
10. 可以根据学生情况,增加词语数量。

■ 1.37 识别词语之间的细微差别

活动主题：听力理解训练
能力要求：听力、动手能力
兴趣水平：学前、小学
材料：纸、铅笔

1. 准备一个字词表,其中有些词意思相似,有些词听起来相似但实际上不同。(力气、气力,代替、替代,讲演、演讲,互相、相互,喜欢、欢喜,心中、中心,水下、下水,岸上、上岸,科学、学科,女子、子女,画笔、笔画,语法、法语,黄金、金黄)
2. 让学生低下头、闭上眼。
3. 告诉学生,老师将要说出 2 个词,如果它们相同,学生就要举手。
4. 读词并表扬回答正确的学生。

■ 1.38 识别并组成押韵词

活动主题：听力理解训练

能力要求:听力、语言

兴趣水平:学前、小学、中学

材料:8 cm×12 cm 的卡片、笔

1. 写一些押韵的词语或把这些词语的图片贴在 8 cm×12 cm 的卡片上,每张卡片上写一个词或贴一张图片。
2. 把卡片打乱顺序,发给每个学生一张卡片。
3. 让学生走到教室前部,读卡片上的词并想出一个可以和它押韵的词。
4. 告诉其他学生看一看他们自己的卡片,如果他们的词和第一个学生的词押韵,让他们站到这个学生的旁边。
5. 继续下去,直到每个人都有机会找到押韵词。
6. 换一些难度更大的词进行游戏。

1.39 重复一些相似的符号

活动主题:倾听训练

能力要求:听力、动手能力

兴趣水平:学前、小学

材料:标签纸、水彩笔、8 cm×12 cm 卡片

1. 为每个学生准备文件夹和一套卡片。剪一些约 28 cm×20 cm 的标签,把 28 cm 的一侧折起来 5 cm,并用胶带纸粘好,组成一个"文件夹"。在 8 cm×12 cm 的卡片上纵向写出数字 1 到 9。(如图 1-2)

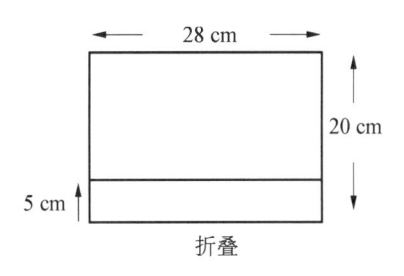

图 1-2

2. 发给每个学生文件夹和一套卡片。
3. 学生把卡片摆放在自己的课桌上。

4. 告诉学生老师将要大声说出 3 个数字,与此同时,他们要把这些数字按照被叫到的先后顺序放进文件夹。
5. 告诉学生,一听到老师说"展示",他们就要把文件夹举起来给老师看。如果他们的顺序正确,你就会给他们计分。

■ **1.40** 按照原来的顺序讲述最近听过的一个故事

活动主题:听说训练
能力要求:听力、语言
兴趣水平:学前、小学
材料:短故事

1. 选择或者编写一个短故事,让故事里有许多描述性的语句和激动人心的事件。
2. 告诉学生他们将要玩"电话"游戏。他们必须近距离地听,以便在他们聊天的时候可以讲述真实的故事。
3. 留下一个学生,让其他学生都到教室外。
4. 把故事读给留在教室的学生。
5. 让助手带进来一个学生。
6. 让第一个学生给第二个学生讲故事。
7. 继续下去,直到所有的学生都回到教室并且都复述这个故事。
8. 让最后一个学生讲故事,然后阅读最初的故事,把两者进行比较。
9. 如果等待时间较长,为等候在外面的学生准备一项活动。

■ **1.41** 重复刚听到的一首诗

活动主题:听读训练
能力要求:听力、语言
兴趣水平:学前、小学、中学
材料:适合听读的诗作

1. 选择适合学生听读的一首诗。
2. 老师读一首诗,要求学生仔细听。

3. 老师读完一遍后,把这首诗再读一遍,让学生说出他们所能回想起来的内容。
4. 根据需要进行重复。
5. 继续读诗,直到学生可以跟读部分句子。
6. 继续下去,直到学生可以重复整首诗。

1.42 回忆过去读过的一篇故事

活动主题: 复述故事
能力要求: 听力、语言
兴趣水平: 学前、小学、中学
材料: 适合听读的故事作品、手机

1. 选择一篇不超过 75 个字词的故事。
2. 在一周内每天都读同一个故事。
3. 不改变用词,但改变重音和音调来反映故事中的人物特点。
4. 在老师读故事的时候,让学生按照故事里人物的动作顺序来模仿走动、睡觉、跳动、唱歌、站立和坐下。
5. 当全班学生都熟悉了这些动作后,让主动参与的学生复述这个故事。
6. 用手机把学生的复述内容录下来。
7. 把这个故事再讲一遍,并和手机里的版本进行比较。

1.43 倒着重复一系列符号

活动主题: 听读训练
能力要求: 听力、语言
兴趣水平: 学前、小学、中学

1. 老师准备说出一些数字。
2. 要求学生仔细听,因为老师会让他们倒着说出所听到的数字。
3. 开始的时候不超过 3 个数字并且速度很慢。
4. 为学生示范。
5. 使用视觉线索,如举起手指,并使手指数与所说的数字相一致。

6. 逐步取消视觉线索并增加数字的个数。

7. 用字母和字词重复同样的操作。

■ 1.44　回忆过去朗诵过的诗

活动主题：听读训练

能力要求：听力、语言

兴趣水平：学前、小学、中学

材料：适合听读的诗作

1. 选择学生听过的一首诗。

2. 老师读这首诗，要求学生仔细听。

3. 在初读后，把这首诗再读一遍，让学生说出他们所能回想起来的内容。

4. 根据需要进行重复。

5. 继续朗读诗，直到学生可以跟读部分句子。

6. 继续下去，直到学生可以重复整首诗。

■ 1.45　重复一系列混合的符号

活动主题：听读训练

能力要求：听力、语言

兴趣水平：学前、小学、中学

1. 告诉学生老师将要随意说一些不同的事物，如："苏 E802""Ren 1 班"。

2. 让他们认真听。

3. 让学生说出他们所听到的符号顺序。

4. 开始的时候引导学生一块儿说出顺序。

5. 逐步取消引导。

6. 增加符号的种类并加快速度。

第二章　发音预备

运用嘴、颚、嘴唇、舌头、牙齿和横膈膜等身体部位来辅助发音练习

行为标识

流口水

通过移动头部而不是移动舌头来舔

不会吹气

吹气时不具有方向性和可控性

吸气时发出声响

不能有效地用吸管喝到液体

不能伸出舌头或操控舌头

只有借助嘴唇,才能把舌头伸向指定的方向

很少能够或者不能够控制嘴唇的动作

不能噘嘴亲吻

发出没有音调变化的 1~2 个音节的声音

在不适当的时候保持嘴巴张开的姿势

■ 2.01　模仿老师或者按照要求进行横膈膜呼吸(腹式呼吸)

活动主题：呼吸训练
能力要求：视力、听力
兴趣水平：学前、小学、中学
材料：有镜子的教室、体操垫子、装有豆子的布袋

1. 让学生躺在垫子上。
2. 把豆袋放在每个学生的肚子上。
3. 指导学生吸气和呼气。
4. 告诉学生在呼吸时观察豆袋在肚子上的起伏情况。

■ 2.02　保持既定的有节律的横膈膜呼吸(腹式呼吸)

活动主题：呼吸训练
能力要求：视力、听力、动手能力
兴趣水平：学前、小学、中学、青少年、成年人
材料：有镜子的教室、书

1. 让学生躺在地板上，把书(不要太重)放在他的横膈膜部位(肚子上方、胸腔下方)。
2. 一边说"上"和"下"，一边配合着书的运动轻推这本书。
3. 有节律地说"上"和"下"，以便配合他的横膈膜运动。
4. 让学生观察这本书，从而密切注视呼吸模式。
5. 如果学生做起来有困难，给他做示范，并让他感觉一下教师的呼吸模式。
6. 在建立起有节律的呼吸模式后，拿走书，让学生自己把手放在横膈膜上，感觉一下自己的呼吸。
7. 在完成仰卧时的呼吸模式后，让学生坐起来并感觉一下同样的呼吸模式。

■ 2.03　在呼气时发出声音

活动主题：呼吸训练
能力要求：视力、听力

兴趣水平：学前、小学、中学、青少年、成年人

材料：书、小镜子

1. 通过躺在地板上并把书放在横膈膜上来展示发声过程。
2. 当书降下去时用嘴发出声音。
3. 在书升上来或者呼气时发出单韵母(a、o、e、i、u、ü)的音。
4. 让学生来练习这个过程。
5. 只有在书降下去时才让学生练习发声。
6. 在学生呼气时，把小镜子放在他的嘴唇旁边，以便让他看到自己的呼吸。当他应该发声时，为他做示范。

2.04 不能有效地用吸管吮吸液体

活动主题：吮吸训练

能力要求：视力、听力

兴趣水平：学前

材料：盒装牛奶或果汁

在语言治疗师的指导或帮助下使用或调换。

1. 取下饮料盒边上的塑料吸管，去掉外包装塑料纸。
2. 把塑料吸管尖的一端插进饮料盒的吸管口。
3. 把塑料吸管的另一端放在学生的嘴里，然后挤压饮料盒，从而让少量的液体进入嘴里。
4. 继续轻轻挤压盒子里的液体，直到学生开始自己从吸管里吮吸。

2.05 用吸管把所有的液体都吸到嘴里

活动主题：吮吸游戏

能力要求：视力

兴趣水平：学前、小学

材料：纸、铅笔、吸管、桌子、塑料盆

1. 摆放2张桌子，让它们相距约1.3 m。
2. 把2个大管子放在一张桌子上。

3. 剪出 16～20 条纸鱼，把它们分成两半，并分别放在另一张桌子的两端。
4. 把学生分成 2 组，让他们排队站在有鱼的桌子的两端。
5. 发给每个学生一根吸管。
6. 告诉学生，一听到"开始"的指令，他们就用吸管把鱼"吸上来"，带着它们，不能掉下，直到扔进塑料盆。
7. 让完成任务的学生回到队伍后面，紧接着换下一个学生。
8. 继续下去，直到有一个小组把他们所有的鱼都放进盆里。
9. 第一个把所有的鱼都放进盆里的小组就是获胜者。

2.06 用牙齿咬东西

活动主题：啃咬训练
能力要求：听力
兴趣水平：学前、小学

材料：食物

在语言治疗师的指导或帮助下使用或调整。

1. 准备学生喜欢的各种食物。这些食物需要用牙齿来咬。
2. 把食物放在桌子上。
3. 让学生坐在桌子旁边。
4. 拿一块食物放在学生的上下门牙之间。
5. 让学生咬一下。
6. 如果学生不咬，把大拇指放在他的下巴下方，把同一只手的手指放在他的鼻梁上，轻轻挤压，帮助他去咬。

2.07 使用牙齿来咀嚼

活动主题：咀嚼训练
能力要求：视力、听力
兴趣水平：学前

材料：磨牙棒、口香糖、饼干、镜子

1. 根据学生情况，准备好磨牙棒、磨牙饼干或口香糖。

2. 让学生咬、嚼饼干,或者准备好口香糖、磨牙棒让他们嚼。
3. 如果有必要就帮助指导他们咀嚼。
4. 教师还可以让学生照着镜子咀嚼或者让学生模仿老师的咀嚼方式。

■ **2.08 咀嚼时让食物在嘴里转动**

活动主题:咀嚼训练
能力要求:视力、听力
兴趣水平:学前
材料:压舌器、烤面包、小甜点、酥脆的饼干
在语言治疗师的指导或帮助下使用或调整。

1. 为学生做示范:把一块食物放进嘴里,一边嚼着吃一边说"嚼"。
2. 把一小块食物放进学生嘴里的后臼齿之间,让学生边说边嚼。
3. 如果他不能用正确的方式咀嚼,把他的头靠在老师身上,用手上下移动他的下巴帮助咀嚼。
4. 每隔几秒钟用压舌器把一小块儿食物移到学生嘴里的另一边。
5. 开始的时候用烤面包、酥脆的饼干、小甜点或其他能让学生感觉到和听到咀嚼声的食物。
6. 继续鼓励学生用正确的方式咀嚼。

■ **2.09 把食物从嘴里的一侧移到另一侧**

活动主题:咀嚼训练
能力要求:听力
兴趣水平:学前
材料:硬糖(小的、安全的糖块儿)
在语言治疗师的指导或帮助下使用或调整。

1. 把一小块儿硬糖放进学生的嘴里。
2. 把它移动到脸颊和牙齿之间。
3. 告诉学生可以用舌头把糖移动到嘴的中央。
4. 老师把糖放进嘴里做示范。

5. 向学生发出移动糖块儿的命令。
6. 根据需要帮助学生移动下巴和脸颊。
7. 轻拍脸颊外侧,然后要求学生把糖块儿移到里面的相应位置。

■ 2.10 吃东西时控制唾液

活动主题:咀嚼训练
能力要求:视力、听力、动手能力
兴趣水平:学前
材料:各种食物、镜子、餐巾纸

1. 为学生示范闭着嘴嚼东西。
2. 为学生示范如何检查嘴巴和下巴上有没有唾液:摸一摸它们并且说"擦嘴。"
3. 让学生把唾液咽下去,然后给他一小块儿食物来吃,如:果冻。
4. 说"闭上嘴",根据需要用手指帮助学生合上嘴巴。
5. 让学生在吃东西的时候通过镜子观察。
6. 拿起学生的手,帮助他摸到自己的嘴巴和下巴,看那里有没有唾液,并且说"擦嘴"。
7. 当学生意识到并且能够摸到下巴上的唾液之后,使用餐巾纸擦掉唾液。
8. 给学生一个笑脸贴纸,奖励他保持脸部干净。
9. 开始时用果冻或者不用咀嚼的其他食物,逐渐过渡到使用苹果和胡萝卜。

■ 2.11 把一口食物咀嚼之后咽下去

活动主题:吞咽训练
能力要求:视力、听力
兴趣水平:学前
材料:安全的、容易吞咽的小块儿食物,如:烤面包、酥饼干
在语言治疗师的指导或帮助下使用或调整。

1. 准备容易吞咽的小块儿食物(要适合学生的年龄)。
2. 为学生示范咀嚼小块儿食物。
3. 给学生一小部分食物来嚼。

4. 用语言提示"咽下去"。
5. 同时让学生触摸老师的脖子上部作为触觉提示。
6. 如果学生吞咽有困难,轻抚学生的脖子。
7. 重复这个过程,直到学生10次有9次能够成功地把食物咽下去。

■ **2.12 观察口型,了解如何发音**

活动主题:发音提示

能力要求:视力、听力

兴趣水平:学前、小学

材料:奖品

在语言治疗师的指导或帮助下使用或调整。

1. 教师面向学生坐着。
2. 把奖品放在教师眼睛的高度。
3. 让学生看着老师(提示语"看老师")。
4. 当学生与老师的目光接触时,立即奖励他。
5. 逐步把奖品移动到教师的嘴巴的高度。
6. 逐渐停止使用奖品。首先把教师的手放在嘴巴的高度,并且说"看",然后仅仅给出口头提示"看"。
7. 在记录语言数据的册子中,用星星来奖励正确的反应,用单线来记录不正确的反应。

■ **2.13 朝着不确定方向吹气或发声**

活动主题:吹气训练

能力要求:视力

兴趣水平:学前

材料:挂钩、羽毛、镜子、柠檬、卫生纸筒

1. 把羽毛挂在钩子上。
2. 然后把挂着羽毛的钩子放在教师和学生之间。
3. 为学生示范噘嘴和吹气。

4. 允许学生在噘嘴和吹气的时候照镜子。
5. 提示学生试着让羽毛飞起来。
6. 把柠檬片放在学生噘起的嘴唇上吹羽毛,如果学生没能做成,让他通过卫生纸筒来吹羽毛。
7. 如果学生把羽毛吹得飞起来,就表扬他。

■ 2.14 控制吹气时的气流

活动主题:吹气训练

能力要求:视力

兴趣水平:学前、小学、中学

材料:纸、一小盆水

1. 为每个学生制作不同颜色的纸帆船。
2. 把盆子装满水。
3. 让学生把纸帆船放靠盆子一边的水面上。
4. 告诉学生:一听到"开始"的指令,他们就要开始"吹"着他们的帆船往水盆另一边前进。
5. 第一个让其帆船到达水盆另一端的学生获胜。

■ 2.15 朝着特定的方向吹气

活动主题:吹气训练

能力要求:视力、听力

兴趣水平:学前、小学

材料:8～30 cm 的细绳(要特别注意保护细绳周围的孩子)、泡沫塑料杯、棉纸、吸管、羽毛、剪刀、垫子

1. 准备一根约 25 cm 长的细绳。
2. 细绳的一头固定好,把塑料杯、薄纸、羽毛用细绳串起来。
3. 让学生站在这一串物品的另一头。
4. 让学生把这些物品吹到绳子的另一端。
5. 如果学生吹出的气流不够强,给他一根吸管助力。

6. 把这些物品吹到绳子另一端,速度最快的学生就是获胜者。

2.16 模仿别人或者按照要求张嘴和闭嘴

活动主题:嘴部开闭训练

能力要求:视力、听力

兴趣水平:学前

材料:一小块食物(食物的大小对于孩子应该是安全的),嘴部轮廓清晰的玩偶

1. 让学生看着老师,把一小块儿安全的食物放在教师的嘴前同时说"张开",然后张开嘴巴把食物放进嘴里。
2. 把食物放在学生的嘴前同时说"张开"。
3. 学生张开嘴巴后,把一小块儿食物放进他的嘴里。
4. 如果学生没有按要求张开嘴巴,老师用手轻轻按住下巴,帮他把嘴张开。
5. 重复操作,直到学生能够成功张嘴。
6. 一边说"张开"和"闭上",一边使用嘴部轮廓清晰的布袋木偶来示范张嘴和闭嘴的动作。

2.17 控制唾液,防止流口水

活动主题:吞咽训练

能力要求:视力、听力、语言、动手能力

兴趣水平:学前

材料:镜子、纸片或纽扣等

在语言治疗师的指导或帮助下使用或调整。

1. 让学生站在镜子前。
2. 展示老师吞咽东西时的样子。
3. 让学生在吞咽的时候摸一摸老师的喉部和他们自己的喉部。
4. 把名片、纸片或纽扣放在学生的嘴唇之间来提醒他吞咽的时候闭上嘴巴。
5. 开始计时并且让学生每30秒钟就把食物咽下去。
6. 每天连续练习10分钟,直到学生形成习惯。

■ **2.18 通过模仿或者按照要求,把嘴唇合拢**

活动主题:嘴唇闭合训练
兴趣水平:学前、小学
材料:棒棒糖、吸管、胡萝卜

1. 把棒棒糖放在学生的嘴唇之间。
2. 让学生用嘴唇夹住棒棒糖,不要把它掉在地上。
3. 让学生用嘴唇夹住棒棒糖,完成老师的练习后,就可以吃掉它。
4. 教师用手指向下推糖棒的末端,通过增加嘴唇的张力来强化唇部肌肉。
5. 轻拉棒棒糖,同时提醒学生用嘴唇夹紧棒棒糖。
6. 在经过1分钟左右的压和拉的动作之后,奖励学生吃掉棒棒糖。
7. 教师还可以使用胡萝卜或吸管。

■ **2.19 通过模仿或按照要求噘嘴或者形成圆唇**

活动主题:亲吻游戏
能力要求:视力、听力
兴趣水平:学前
材料:嘴巴轮廓清晰的布偶、镜子、安全的唇膏

1. 老师说"亲吻",并且亲吻布偶的嘴巴给学生做示范。
2. 说"你来亲吻",把布偶移到学生的嘴边让他亲吻。
3. 教师还可以把唇膏涂在学生的嘴唇上,让他"亲吻"镜子。
4. 接下来还可以吹棉球、纸条、风车或气泡。

■ **2.20 通过模仿或按照要求,把牙齿咬合在一起**

活动主题:咬合训练
能力要求:视力、听力
兴趣水平:学前
材料:镜子、小块食物等

在语言治疗师的指导或帮助下进行或调整。

1. 面向学生,说"张嘴"并做示范(如果学生不张嘴,用一面镜子来监督他)。
2. 咬一小块儿食物为学生做示范。
3. 把一小块儿胡萝卜条放在学生的上下门牙之间,并口头提示"咬"(如果学生没能合上门牙,把食物放进嘴的一侧,让他使用臼齿)。
4. 让学生把双手放在两侧,以便取得最好的效果。
5. 如果学生有困难,用手托着学生下巴帮助学生咬合。

■ 2.21 把舌头移动到嘴巴外面的任何方向

活动主题:舌动训练
能力要求:视力
兴趣水平:学前
材料:棒棒糖

1. 面向学生坐着。
2. 两只手各拿一根棒棒糖,一根棒棒糖靠近学生的嘴巴,另一根棒棒糖靠近教师自己的嘴巴。
3. 教师用舌头舔一下棒棒糖。
4. 如果学生把舌头伸出来,允许他舔一下他的棒棒糖。
5. 继续示范"舔"的动作,直到学生能自动地舔食别人送给他的棒棒糖。

■ 2.22 以放松的姿势把舌头平伸到嘴巴外面

活动主题:舌动训练
能力要求:视力
兴趣水平:学前
材料:棒棒糖

1. 为学生提供扁平的棒棒糖。
2. 告诉学生用舌头慢慢舔一下棒棒糖。
3. 唱"1,2,3,舔舔舔"。
4. 教师还可以唱"1舔,2舔,3舔舔"。
5. 继续吟唱并控制速度。

■ 2.23　绷紧舌头平伸到嘴巴外面

活动主题：舌动训练

能力要求：视力、听力

兴趣水平：学前、小学、青少年

材料：大镜子、压舌板

在语言治疗师的指导或帮助下进行或调整。

1. 让学生把舌头伸出嘴唇，碰触到放置嘴巴前的压舌板。
2. 让学生用舌头碰触并推动压舌板。
3. 逐步用压舌板给学生施加压力，鼓励他用舌头把压舌板推向外面。
4. 拿走压舌板，让学生就像使用压舌板一样，绷紧舌头。
5. 如果学生不能完成任务，鼓励他重复努力练习。

■ 2.24　在嘴唇的帮助下让舌头上下移动

活动主题：舌动训练

能力要求：视力、动手能力

兴趣水平：学前、小学

材料：小碟子、酸奶

1. 发给每个学生一个小碟子。
2. 指导第一个学生把酸奶放进小碟子。
3. 分发酸奶，直到所有的学生都把酸奶倒在自己的小碟子里。
4. 示范用舌头把酸奶从碟子里舔进嘴巴。
5. 让学生把碟子里的酸奶用舌头舔进嘴巴。
6. 重复练习。
7. 教师还可以使用装在碟子或杯子里的其他的安全可吃的物品（液体饮料、果冻），让学生练习。

■ 2.25　在无须帮助的情况下让舌头上下移动

活动主题：舌动训练

能力要求：走动、视力、听力、语言、动手能力

兴趣水平：学前

材料：压舌板、酸奶

1. 把酸奶放在压舌板的前端。
2. 把酸奶棒放在学生的嘴巴前边，让学生不得不伸出舌头去够。
3. 让学生"舔"。确保学生每次"舔"到后，都把舌头缩回来并合上嘴唇。
4. 继续把酸奶棒放在稍稍靠近嘴巴上面或下面的位置，当学生能够到更远的地方时，再把它放远一点。

■ 2.26 在嘴唇的帮助下让舌头左右移动

活动主题：舌动训练

能力要求：视力、听力

兴趣水平：学前

材料：酸奶

1. 面对镜子，为学生示范如何舔掉嘴唇上的食物。
2. 鼓励学生照着做。
3. 如果学生开始的时候有困难，在学生的嘴唇上画出舌头的"路径"，对照镜子做。
4. 增大难度：把食物放在学生的一个嘴角，等着他把它舔掉，然后把食物放在另一个嘴角。
5. 逐渐减少对食物的使用，直到不需要任何食物来引导学生把舌头从一边移到另一边。

■ 2.27 在无须帮助的情况下让舌头左右移动

活动主题：舌动训练

能力要求：视力

兴趣水平：学前、小学

材料：纸板、镜子

1. 在纸板上剪出一张"嘴"，然后在这张纸板上画一张小丑的脸（如图 2-1）。

图 2-1

2. 老师出示小丑图,并把手指从嘴巴后面伸出来,看起来就像小丑在伸舌头。
3. 让学生模仿小丑,把舌头从嘴巴的一边移到另一边。
4. 让学生借助镜子来强化刚才的动作。
5. 如果学生有困难,用冰棍棒轻轻为他画出舌头的"路径"。

2.28 用舌头连续"扫"嘴唇

活动主题:舌动训练
能力要求:视力、听力、语言
兴趣水平:学前、小学
材料:编写的儿歌

1. 为学生示范舔嘴唇。
2. 说"假装你的嘴唇上有巧克力糖衣,张开嘴舔一舔嘴唇周围。做好准备,把舌头移到嘴角、上唇、嘴唇周围和里边"。
3. 示范用舌头"扫"嘴唇,先从右边开始,再从左边开始。
4. 教给学生编写的儿歌:

  嘴巴就像一间房。
  舌头就像小扫帚。
  我们打开门。
  扫扫墙;扫扫地。
  再扫扫天花板。
  舌头真能干。
  嘴巴就干净。

2.29 用舌头连续舔下嘴唇

活动主题：舌动训练
能力要求：视力、听力
兴趣水平：学前
材料：可食用润唇膏、酸奶或巧克力糖浆

1. 把酸奶放在学生的下嘴唇上。
2. 说"舔"，然后教师示范连续舔自己的下嘴唇。
3. 告诉学生自己舔，然后继续示范。
4. 如果学生不舔，教师用手指在他的下嘴唇上连续移动，并且说"舔这里"。
5. 教师还可以使用不同口味的乳制品。

2.30 用舌头短暂地、断断续续地舔上嘴唇

活动主题：舌动训练
能力要求：视力、听力、语言
兴趣水平：学前、小学
材料：歌曲

1. 选择学生熟悉的歌曲。
2. 让学生听并观察教师唱歌。
3. 用舌头轻触上嘴唇唱"啦啦啦"。
4. 夸张地表现舌头的运动。
5. 让学生一起唱"啦啦啦"。
6. 把"啦啦啦"改为"哩哩哩"。

2.31 用舌头短暂地、断断续续地舔下嘴唇

活动主题：舌动训练
能力要求：视力、听力、语言
兴趣水平：学前、小学
材料：歌曲

1. 选择学生熟悉的歌曲。
2. 让学生听并观察教师唱歌。
3. 用舌头轻触下嘴唇唱"啊啊啊"。
4. 夸张地表现舌头的运动。
5. 让学生一起唱"啊啊啊"。
6. 把"啊啊啊"改为"哈哈哈"。

■ 2.32　把下嘴唇放在上排牙齿的下面

活动主题：唇齿训练
能力要求：视力、听力、语言
兴趣水平：学前、小学
材料：花生酱

1. 准备花生酱或其他黏性食物。
2. 编两个短故事。内容涉及花生酱在下嘴唇上怎样变黏以及怎样被上排牙齿刮去。
3. 在讲第二个故事的时候，把少量花生酱适时放在每个学生的下嘴唇上。
4. 让学生在听故事的时候用上排牙齿刮去花生酱。
5. 再次把少量花生酱放在每个学生的下嘴唇上，让学生在不听故事的情况下用上排牙齿刮去花生酱。
6. 继续进行嘴唇和牙齿的运动，并且逐渐停止使用食物。

■ 2.33　让牙齿和下颌微张

活动主题：唇齿训练
能力要求：视力、听力、语言
兴趣水平：学前、小学
材料：软糖

1. 准备软糖。
2. 发给每个学生一颗软糖。
3. 告诉学生把软糖放在上下门牙之间。

4. 为学生示范怎样放置软糖。
5. 告诉学生当他们听到"慢——慢闭上"的指令时,他们就要把牙齿闭合、咬住软糖。
6. 用再小一点的软的食物重复练习这个过程。
7. 逐渐停止使用食物。
8. 让学生张大嘴巴并吟唱"慢——慢闭上"。

2.34 把舌头放在上下牙齿之间

活动主题:舌齿训练
能力要求:视力、听力、语言
兴趣水平:学前、小学
材料:薯片

1. 准备小块儿的安全食物,如:薯片。
2. 告诉学生把舌头伸出,放在上下牙齿之间。
3. 把一小块儿食物放在舌头上。
4. 教师通过伸出舌头并把食物放在上面来为学生示范。
5. 重复练习但要求舌头伸出来的部分短一点。
6. 继续让学生把食物放在他们自己的舌头上。
7. 说"把舌头伸到牙齿外面",并逐渐停止使用食物。

2.35 把舌头放在上牙后面

活动主题:舌齿训练
能力要求:视力
兴趣水平:学前、小学
材料:压舌板、镜子、酸奶

1. 面向学生坐着,让学生张开嘴巴。
2. 使用压舌板把少量安全的乳制品放在学生的牙槽嵴上:直接位于牙齿后面的上牙膛的一部分。
3. 拿掉压舌板,同时说"向上"。

4. 把一面小镜子放在学生前面,以便让他看到他的舌头向上去舔食物。
5. 如果学生有困难,为他示范正确的方法。
6. 重复练习。
7. 在不使用压舌板和食物的情况下重复练习。使用口头指令"向上",并继续使用镜子来进行视觉提示。
8. 逐渐减少所有的提示。

2.36 用舌头舔着上颚

活动主题:舌动训练
能力要求:视力、听力
兴趣水平:学前
材料:压舌板、安全的黏性食物,如:花生酱或巧克力糖浆

1. 教师用压舌板把少量花生酱放在自己的上颚,示范用舌头碰触上颚。
2. 用压舌板把少量花生酱放在学生的上颚处。
3. 说"轮到你了。你来做这个动作"。
4. 如果学生做不到,用压舌板轻轻把他的舌头抬高到上颚的高度。
5. 使用镜子来强化。
6. 教师还可以使用其他的黏性食物。
7. 教师还可以通过发"尔"音,辅助学生体验发音是舌头顶着的就是上颚部位。

2.37 让嘴巴一直闭着,除非有吃饭、喝水和谈话等动作

活动主题:鼻音发音训练
能力要求:视力
兴趣水平:学前、小学

1. 谈论"mmmm"音和怎样发这个音。
2. 示范嘴唇闭合发"mmmm"音。
3. 告诉学生闭上嘴唇发"mmmm"音。
4. 使用闭合的嘴唇和"mmmm"音从视觉和听觉上来提示那些嘴巴张开的学生。

2.38 模仿无声的讲话

主题活动:发音动作训练
能力要求:视力、语言
兴趣水平:学前
材料:镜子

1. 坐在学生对面,伸出舌头做鬼脸。
2. 让学生做个鬼脸。
3. 如果学生不做鬼脸,使用大镜子让他看到你们两个都在做动作,然后再提出同样的要求。
4. 继续做其他的脸部动作。
5. 在进行下一个动作之前,确保学生完成了每一个模仿任务。
6. 用各种面具对完成任务的学生给予奖励。

2.39 发出类似单韵母(a、o、e、i、u、ü)的声音

主题活动:发音训练
能力要求:视力、听力、语言、动手能力
兴趣水平:学前
材料:小型塑料管、能发出吱吱声的玩具、杯子、泡状物、橡胶玩具、洋娃娃

1. 使用装有温水、能发出吱吱声的玩具、芳香泡沫剂、杯子和橡胶玩具的小型塑料管。
2. 用玩具和泡状物发出类似单韵母的声音。
3. 鼓励学生发音,说"你来发音"。
4. 只有当学生发出类似单韵母(a、o、e、i、u、ü)的声音时才奖励他。
5. 模仿学生发出的类似单韵母(a、o、e、i、u、ü)的声音,用回声的方式,鼓励学生再练习。

2.40 发出类似单韵母(a、o、e、i、u、ü)的声音,声调有变化

主题活动:发音训练

能力要求：视力、听力、语言、动手能力

兴趣水平：学前

材料：玩具、芳香泡沫剂、杯子和橡胶玩具的小型塑料管

可根据需要调整。

1. 使用装有温水、能发出吱吱声的玩具、芳香泡沫剂、杯子和橡胶玩具的小型塑料管。
2. 用玩具和泡状物发出类似单韵母的声音。
3. 鼓励学生发音,说"你来发音"。
4. 只有当学生发出类似单韵母的声音时才奖励他。
5. 模仿学生发出的类似单韵母的声音,用回声的方式,鼓励学生再练习。

2.41 多遍地重复声母和单韵母

主题活动：发音训练

能力要求：视力、听力、语言、动手能力

兴趣水平：学前

可根据需要调整。

1. 观察模仿学生发出的含糊不清的声音。
2. 通过游戏模仿的方式发出这个学生刚才的声音,鼓励学生模仿老师的声音。
3. 当学生发出一串声音时,只重复其中的声母或单韵母。
4. 通过躲猫猫的游戏来鼓励学生发出声母。当这个学生或者老师被找到的时候,说"Bo"或"Ba(巴)"。

2.42 发出声母和带有语调变化的韵母

主题活动：发音训练

能力要求：视力、听力、语言、动手能力

兴趣水平：学前

材料：图画故事

可根据需要调整。

1. 教师讲述图画书上的故事。故事的长度符合孩子注意力保持的时长,更容

易鼓励孩子帮助讲故事。
2. 一定要讲述孩子最喜欢的故事,如:《小兔乖乖》《司马光》《曹冲称象》,等等。
3. 上网查找挑选一些适合孩子的故事。
4. 等着孩子来补充那些他读过好几遍的故事里的字、词和短语。如:"小孩儿……熊说……谁在吃我的……"稍后,你可以等着孩子来填充整个的短语和句子。
5. 轮流讲述故事书中不同页码上的故事。
6. 用绘本中的图片编故事。问:"图片里有什么人?""发生什么事了?"
7. 鼓励孩子用他所画的图片讲故事。
8. 邀请孩子讲故事,而教师画图说明他的故事。或者教师把故事写下来,让他画图说明。记住,一个故事可能只包括一两个句子。
9. 开始讲一个故事,故事的内容涉及孩子参加过的一个活动。留出足够的机会让孩子来完成这个故事。说:"今天博文和我去了一个特别的地方。我们去了动物园。我们看到了很多动物。还记得那只熊吗?你能告诉爸爸那只熊在做什么吗?"
10. 注意较长的句子的语调、节奏和语序。加上一些形容词和介词。强调表示动作的词语,如:这只小狗在跑。
11. 使用图片来设定情境,如:展示一只猫在进食的图片。首先让这个孩子表达他的想法和感受,然后示范怎样用一个更长的复句来描述这个情境。
12. 避免按部就班的提问和重复。要考虑到孩子的注意力集中情况和个体的局限性。
13. 讲述的故事里要包括一些重复的词句,如:《大闹天宫》《武松打虎》和《九色鹿》。轮流讲述故事的某一部分。

2.43 模仿无意义的声音

活动主题:模仿声音
能力要求:语言
兴趣水平:学前
材料:手机

1. 平时注意积累,录下学生的声音。

2. 把学生带到一个安静的地方,通过播放他自己的声音来刺激发声。
3. 重播这些声音并帮助学生用正确的口型来模仿。
4. 在学生能自发地发声之后,让他尝试着在教师的提示下模仿他自己的声音。
5. 增大难度:把2个或多个声音组合起来让学生模仿。
6. 在这节课结束的时候,让学生进一步听或录下他自己的声音。

■ 2.44 模仿物体或动物的声音

活动主题:模仿声音

能力要求: 视力、听力、语言

兴趣水平: 学前、小学

材料: 动物玩具

1. 从旧杂志上剪下一些动物图片。
2. 教学生唱《世界真美好》,也可选《请来看看我们美丽的村庄》《拔萝卜》《老麦克唐纳农场》等。
3. 展示动物图片,让学生在唱歌的时候适时模仿这些动物的叫声。
4. 如果学生学不会这些歌词,把这首歌唱给他们听,并只让他们唱涉及动物叫声的那一部分歌词。
5. 如果某个学生发出的声音最像某个动物的叫声,把那个动物的图片送给他作为奖励。
6. 老师还可以把动物图片分发给每个学生,让他们轮流站起来模仿表演动物的声音。

■ 2.45 感受语调变化带来意义的变化

活动主题:音调变化游戏

能力要求: 视力、听力、语言

兴趣水平: 学前、小学

材料: 玩具电话

可根据需要调整。

1. 玩语调变化的游戏并鼓励学生模仿。使用简单词语和短语。说:"你好。你好？你好！"或者"来这里。来这里？来这里！"
2. 示范不同的语调变化。例如：开心、责备、担心、气愤等。
3. 和学生玩"打电话"游戏，询问学生：什么时候出门，然后教师表达出不同的感受，与学生对话。鼓励学生发声来回应教师。
4. 把上面师生的问答，反过来，学生问，老师答，再让学生说出感受，教师针对学生不同的感受，进行应对。

■ **2.46 用一个字来表示某个物体或人（如：用"卜"来表示"萝卜"）**

活动主题：发音游戏

能力要求：视力、听力、语言

兴趣水平：学前

材料：奖励卡片

可根据需要调整。

1. 观察模仿学生发出的含糊不清的声音。
2. 通过游戏模仿的方式发出这个学生刚才的声音，鼓励学生模仿老师的声音。
3. 当学生发出一串声音时，只重复其中与某个声母或单韵母相同的音。
4. 通过玩躲猫猫的游戏来鼓励孩子发出一些声母的发音。当这个学生或者老师被找到的时候，说"哇"或"哈"。

■ **2.47 用叠字或词语来表示某个物体或人（如：根据能力，用"卜一卜"来表示"萝卜"或直接说"萝卜"）**

活动主题：发音游戏

能力要求：视力、听力、语言

兴趣水平：学前

材料：学生集体照片

可根据需要调整。

1. 给班级的学生都起一个简单的名字，如：哲哲、欣欣、明明。
2. 学生在老师叫小名的时候，有正确反应，就奖励他。用同学的名字来帮助孩子理解：每个名字都针对一个具体的人。

3. 当学生正确称呼同学名字的时候,对他给予奖励。
4. 给学生看班级同学集体照,使用可以让孩子触摸的又大又清楚的照片,在照片上做标记。教师说出一个学生名字,让其他学生指出,然后教师指着照片里的一个学生让同学说出他的名字。
5. 还可以给学生看家庭成员的照片。把照片做上标记。鼓励学生指出教师所称呼的人,并说出他的名字。

2.48 在情景中说出理解的词

活动主题:说词练习

能力要求:视力、听力、语言

兴趣水平:学前

材料:彩色球、图卡、布偶等

可根据需要调整。

1. 尽可能用不同的方式经常反复描述一些物体。一个球可以是一个绿色的球,一个红色的球,一个大的红球或一个软球。一旦学生学会了一个字或词,加上一些形容词、动词和副词来增强学生对这个物体的整体理解。据估计,一个孩子要重复接触一个字或词500~600次,才能让这个字或词在脑海中重现。
2. 老师示范正确的发音。但不需要纠正学生发音不准。许多学生在这个发展阶段都不能正确发音。
3. 避免在学生看图片或看书的时候连续不断地问"这是什么"或"那是什么"。而说"看",接着描述这个物体、说出物体的名字、解释它的功能并重复这个物体的名字。当学生准备好并能够告诉你的时候,他会告诉你的。
4. 对于年龄大一些的、存在口部肌肉运动问题的学生,发展非语言的技能也许更可取,如:使用沟通板或符号语言。当一个学生的语言接受技能超过他的语言表达技能的时候,这种方法更适用。
5. 为学生示范"你好"和"再见"。在自然的情境中练习这些词语。避免在没有人进来或出去的时候不恰当地使用"你好"和"再见"。
6. 用手势表示"你好"或"再见"。朝着卡片或街上的公交车以及走路时遇到的动物说这些词语。学生自己的玩具被拿出来或放起来的时候说这些词语。利用所有的机会来使用"你好"和"再见"。

7. 每次你和别人打招呼的时候都说"你好"或"再见",并根据情况示范适当的语调。
8. 鼓励别人看着这个学生并且说"你好"或"再见"。
9. 如果学生在街上或在超市里向旁边的人说"你好"或"再见",许多人会做出回应。如果学生对那些不做回应的人感到失望,简单解释一下并分散学生的注意力,如:"他像我们一样在忙着买东西。我们找一找苹果。"
10. 用布偶来玩类似于躲猫猫的"你好"和"再见"的游戏。让布偶对所有的人和物说"你好",然后让它在消失的时候大声说"再见"。鼓励学生对布偶说"你好"和"再见"。
11. 玩打招呼游戏。教师与一位朋友合作,教师站在门后。让朋友敲门并呼唤教师的名字。教师打开门,朋友对大家说"你好",然后说"再见"并消失在门后。让学生在熟悉游戏后,自然地加入进来,与那位朋友打招呼。

第三章 发音 I

在有意义的和无意义的组合中对所有的声母和韵母进行发音

行为标识

漏掉词语里的发音
在词语里用一个发音代替另一个发音
念词语时发出异常的声音
使用不适当的器官(鼻、嘴、喉)来发音
发出莫名其妙的声音
说话时,声音低沉、含混不清

3.01 发出单韵母 a、o、e

活动主题：发音练习
能力要求：视力、听力、语言
兴趣水平：学前、小学
材料：发音口型图片、镜子

在语言治疗师的指导或帮助下使用或修改。

1. 把单韵母写在干净的 8 cm×12 cm 的厚塑料卡片上，并准备 a、o、e 发音口型图片，贴在单韵母上。
2. 出示情景图片，让学生说说看到了什么。
3. 把卡片拿到教师的嘴前，发出单韵母的音。
4. 让教师的唇型和卡片上相匹配。
5. 使用镜子来帮助示范。
6. 把卡片拿到学生的嘴前，让他模仿卡片上的发音。
7. 鼓励学生使用镜子，并让他们的唇型和塑料覆盖物上的保持一致。
8. 儿歌朗读(如图 3-1)：

图 3-1

圆圆脸蛋羊角辫，张大嘴巴 a a a。
太阳出来红通通，公鸡一叫 o o o。
清清池塘一只鹅，水中倒影 e e e。

3.02 发出单韵母 a、o、e

活动主题：发音练习
能力要求：视力、听力、语言
兴趣水平：学前、小学
材料：图片、有单韵母卡片和帽子

1. 学习拼音手指操，a、o、e，边做边读儿歌(如图 3-2)。

单韵母

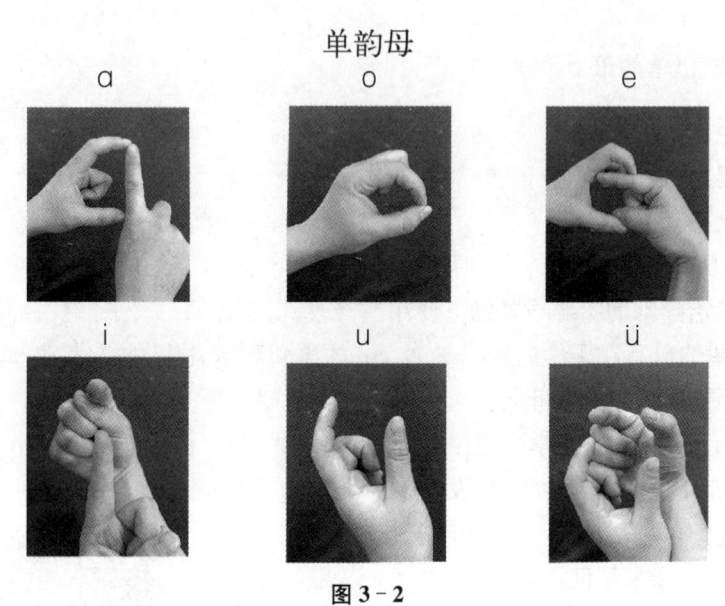

a　　　o　　　e

i　　　u　　　ü

图 3-2

2. 拿出图片,让学生了解声调,教师示范 a、o、e 的声调(如图 3-3)。

a ā á ǎ à　　o ō ó ǒ ò

e ē é ě è

图 3-3

看图 3-3 小汽车的走势,"汽车平走 ā ā ā,汽车上坡 á á á,汽车下坡又上坡 ǎ ǎ ǎ,汽车下坡 à à à。"。

3. 学生跟着练习读 a、o、e 的四声。
4. 学生顺序读,变序读。
5. 教师引导用带不同声调的 a、o、e 组词。

ā 阿姨好! á 啊! 你说什么? ǎ 啊? 这是怎么回事? à 啊,伟大的祖国!
ō 噢,我懂了。ó 哦,是这样吗? ò 哦! 我明白了。
é 飞蛾、额头, ě 恶心, è 饿了、凶恶

6. 教师给自己起字母名,示范说:"小朋友好! 我是 a! 你们愿意和我做朋友吗?"下面的小朋友都大声地说:"a,你好! 我们愿意和你做朋友!"
7. 给三个孩子分别起字母名字,一个叫 a,一个叫 o,一个叫 e,然后请他们上台,带着有字母的帽子,介绍自己。还可以给这三个字母分别加上四个声调再起 12 个名字。

3.03 发出单韵母 i、u、ü

活动主题:发音练习
能力要求:听力、语言
兴趣水平:学前、小学
材料:钢琴或节奏乐器
在语言治疗师的指导或帮助下使用或修改。

1. 出示情景图片(如图 3-4),让学生说说看到了什么。

图 3-4

2. 选择将要教给学生的单韵母 i、u、ü。
3. 教师选定想要使用的旋律。
4. 让学生坐在钢琴(或手机播放 MP3)前边的地板上。
5. 教学生唱一首事先选好的歌,用一个单韵母的音来代替这首歌所有的字。
6. 在唱歌的过程中悄悄地把小贴纸发给跟唱的学生或者在他们的手上印上标记作为奖励。

3.04 发出单韵母 i、u、ü

活动主题:发音练习

能力要求:视力、听力、语言

兴趣水平:学前、小学

材料:图片、字母卡片

1. 学习拼音手指操,i、u、ü,边做边读儿歌。
2. 教师示范朗读 i、u、ü 的声调。

　　　ī　í　ǐ　ì
　　　ū　ú　ǔ　ù
　　　ū　ú　ǔ　ù

3. 学生跟着练习读 i、u、ü 的四声。
4. 学生顺序读,变序读。
5. 教师讲故事,让学生了解整体认读音节,练读四声。

　　星期天,小 i(出示卡片 i)一早醒来,就吵着要妈妈带她去欢乐谷游玩。小 i 的妈妈是大 y(随机出示卡片 y,指导读法)。大 y 妈妈把小 i 打扮得漂漂亮亮的,牵着她的手出门了,(这时出示音节 yi),一路上,大家都和她们母女俩打招呼,称她们为 yi(随机编顺口溜指导读法:大 y 小 i 一起走,还读 i)。欢乐谷里的人真多啊! 大 y 妈妈担心小 i 走失了,紧紧地牵着她的手,一步也不离开,所以"yi"是不分开的。

　　把学生分成小组,共同动脑,自编"w、wu"的故事:大 w 小 u 在一起,不分离,还读 wu。

6. 认识整体音节 yi、wu、yu,比较。读儿歌:

　　小 i u ü 要出去,大 y 大 w 来带路。大 y 带 i ü,大 w 带小 u。他们手拉手,成了好朋友。Yi、wu、yu。

3.05　发出字词中的单韵母

活动主题:发音练习
能力要求:视力、听力、语言、动手能力
兴趣水平:学前、小学
材料:成套的彩色食物卡片

1. 收集许多彩色食物卡片。
2. 让学生坐在桌子旁。
3. 让学生辨认食物,说"请递给我(食物名称)",同时向学生出示食物卡片。
4. 告知学生他们只需要正确辨认图片。
5. 教师把这些图片中,有单韵母的词语找出分开放置。
6. 练习拼音手指操(如图 3-5),a、o、e、i、u、ü,边做边读。

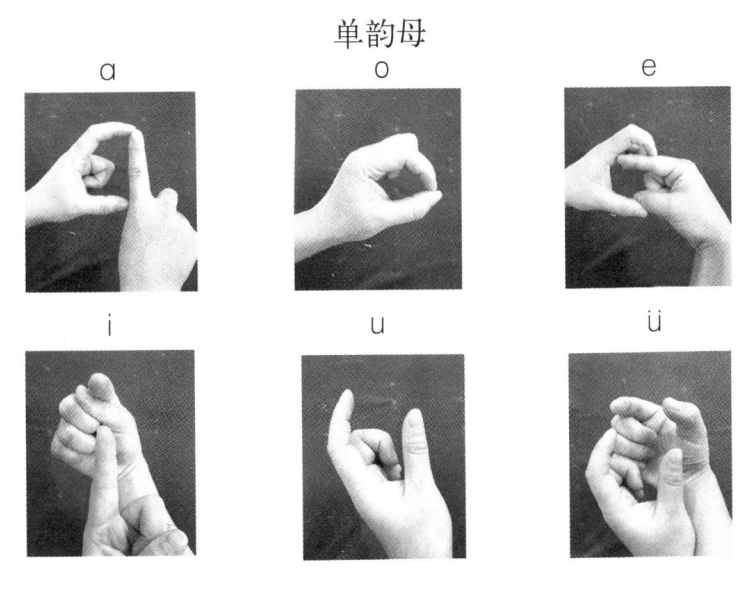

单韵母

图 3-5

3.06 发出双唇音 b

活动主题: 发音练习
能力要求: 视力、听力、语言、动手能力
兴趣水平: 学前、小学
材料: 椅子、镜子、图片

在语言治疗师的指导或帮助下使用或修改。

1. 在 8 cm×12 cm 的卡片上写出声母 b(可以配上菠萝图片)。
2. 把卡片出示给学生并发出"b"音。
3. 告诉学生发音时,双唇紧闭,然后突然放开,让气爆发出来。发 b 时不送气。
4. 学做拼音手指操 b(如图 3-6)。
5. 教师闭上眼睛,让学生把带有 b 的卡片藏起来。
6. 教师寻找这张卡片前,告诉学生,在老师靠近卡片的时候,他将要通过发出"b"音来帮助老师,越靠近卡片,频率越快。
7. 如果这个学生正确发出"b"音协助教师完成,让他成为下一个寻找卡片的人。
8. 继续让每个学生都有机会藏卡和找卡。
9. 教师还可以让一个学生找卡,让全班学生发出"b"音。

图 3-6

3.07 发出双唇音 p

活动主题: 发音练习

能力要求:视力、听力、语言、动手能力

兴趣水平:学前、小学

材料:椅子、镜子、图片

1. 出示图片(小孩爬坡),让学生说说图画的内容。
2. 让学生面向镜子。
3. 为学生演示如何发"p"音。
4. 让学生通过紧闭双唇来屏息。
5. 把食指放在噘起的嘴唇上,让气流迅速排出。
6. 提醒学生不要鼓起双颊。
7. 告诉学生把噘起的嘴唇分开,让由于屏息而受到压力的气流释放出来。
8. 可以给学生一张薄纸片,让他感受发音时纸片被气流吹动的情景。
9. 根据需要提供帮助。
10. 让学生对着镜子反复练习几遍,以便强化正确的口型。
11. 学做拼音手指操 p(如图 3-7)。

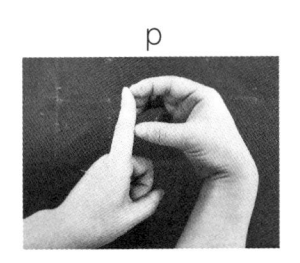

图 3-7

■ 3.08 发出双唇音 m

活动主题:发音练习

能力要求:视力、听力、语言、动手能力

兴趣水平:学前、小学

材料:多种材料做的触摸垫

1. 收集 20～25 种不同材料,可以分成贝壳类、布类、金属类、竹木类、草绳类、毛刷类、塑料类、综合类等,可以做成作品粘贴在垫子上。
2. 让学生坐在教师前边。

3. 让学生观察教师所呈现的触摸垫,一边发音一边摸一摸。
4. 示范发音时,双唇紧闭,然后突然放开,从鼻腔出气出声。
5. 让学生注意观察材料的花纹、色彩、图案之美,触摸感受不同材料的纹理、质地、形状、软硬、光滑、粗细等,说边看边摸边说"mmmm"。
6. 学做拼音手指操 m(如图 3-8),边做边说:两个门洞 mmm。

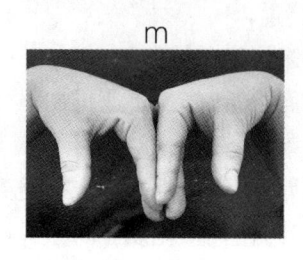

图 3-8

3.09 发出唇齿音 f

活动主题: 发音练习
能力要求: 听力、语言
兴趣水平: 学前、小学、中学
材料: 卡片、笔

1. 在 8 cm×12 cm 的卡片上写出声母 f。
2. 把卡片展示给学生并发出"f"音。
3. 让学生把他的上排牙齿放在下嘴唇上并摩擦出声。
4. 教师闭着眼睛,让学生把带有 f 的卡片藏起来。
5. 告诉学生,教师将要寻找这张卡片,在教师靠近卡片的时候,他将要通过发出"f"音来提示帮助老师。
6. 如果这个学生正确发出"f"音,协助老师完成,让他成为下一个寻找卡片的人。
7. 继续让每个学生都有机会藏卡和找卡。
8. 教师还可以让一个学生找卡,让全班学生发出"f"音。
9. 学做拼音手指操 f(如图 3-9)。

第三章　发音 I

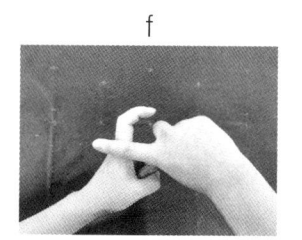

f

图 3-9

3.10 练习声母 bpmf 与单韵母的拼读

活动主题：发音练习
能力要求：听力、语言
兴趣水平：学前、小学、中学
材料：卡片、笔

1. 学习 b、p 与 a 拼读的方法。

   指导学生看教师出示的四幅图（如图 3-10，图 3-11），分别画着什么？学生讨论，再将声母和韵母拼成音节 b—ā→bā　b—á→bá　b—ǎ→bǎ　b—à→bà。

b—a　　b—o　　b—i　　b—u
p—a　　p—o　　p—i　　p—u
m—a　　m—o　　m—i　　m—u
f—a　　f—o　　　　　　f—u

b—ā→bā　　　b—á→bá

b—ǎ→bǎ　　　b—à→bà

bà ba 爸爸　　mā ma 妈妈　　wǒ 我

图 3-10

图 3-11

— 59 —

2. 学生会读得站起来读,读对的当小老师,上台指着黑板上的图和拼音教大家拼读。拼读一个音节组一个词。
3. 练习拼读音节:p—ā→pā p—á→pá p—à→pà。
4. 组织学生做声母和带调韵母找朋友的拼读游戏。
5. 声母 m、f 和韵母 a 拼读的练习。学生自己读一读 m—a→ma,f—a→fa 这两个音节,会读的同学当小老师教同学。
6. 游戏:请几个同学分别持 m 或 f 以及带调 a 的卡片,一个读声母,一个读带调韵母 a,其他同学读音节。
7. 教师引导:单韵母 o、i、u,看到 a 和声母 b、p、m、f 交朋友,它们也想跟 bpmf 交朋友,我们一起来帮它们成为好朋友,好吗?
8. 同学自己读音节:b—i→bi,p—i→pi,m—i→mi,并读出四个声调 bī、bí、bǐ、bì,pī、pí、pǐ、pì,mī、mí、mǐ、mì,选其中的一个音节组一个词或说一句话。
9. 男女生进行拼读音节竞赛,读准音节的四个声调。
   b—o→bo bō bó bǒ bò　　b—u→bu bū bú bǔ bù
   p—o→po pō pó pǒ pò　　p—u→pu pū pú pǔ pù
   m—o→mo mō mó mǒ mò　　m—u→mu mū mú mǔ mù
   f—o→fo fó
10. 开火车随意抽读以上音节。

3.11　发出舌尖中音 d

活动主题:发音练习
能力要求:听力、视力、语言
兴趣水平:学前、小学、中学
材料:卡片
在语言治疗师的指导或帮助下使用或修改。

1. 出示马儿图片(如图 3-12),教师示范朗读:马蹄声响 ddd。
2. 让学生一起在教室里学马儿奔跑,开始时,有教师带着,一边跑一边读:马蹄声响 ddd。
3. 发音时注意,用舌尖顶住上牙床,让气流爆发出来。发 d 时不送气,声带不颤动。

图 3 - 12

4. 确保所有的学生都能正确发音。
5. 让学生在教室里边跑圈边朗读。
6. 当他们回来的时候查看他们的嘴巴并听他们发音。
7. 学做拼音手指操 d(如图 3 - 13),可以在学生学马儿跑的时候,边跑边做边练习发音。

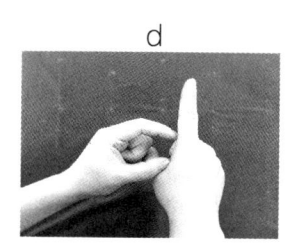

图 3 - 13

3.12 发出舌尖中音 t

活动主题:发音练习
能力要求:视力、语言
兴趣水平:学前、小学、中学
材料:作业纸、蜡笔或铅笔、纸板、强化物

1. 学做拼音手指操 t(如图 3 - 14)。
2. 在作业纸的上方画一只青蛙。
3. 画出连续的大大小小的圆丘,就像青蛙在跳跃。

4. 在每个圆丘的底部加上大圆点(如图 3-15)。

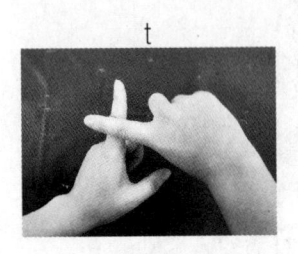

图 3-14   图 3-15

5. 为每个学生复印一份。
6. 告诉学生用他们的手指、蜡笔或铅笔追随青蛙的跳跃路径,并且每次到达大圆点的时候,都用舌尖抵住上排门牙的后面以便堵住气流,并发出"t"音。(比较发 d 时,使劲送气流)
7. 继续下去,直到他们到达青蛙路径的终点。到达终点后做拼音手指操示意。
8. 经常复习,直到学生可以正确地发出单独的"t"音。

■ 3.13 发出舌尖中音 n

活动主题:发音练习
能力要求:视力、听力、语言
兴趣水平:学前、小学
材料:乳制品(如:酸奶或巧克力糖浆)、压舌板、镜子
在语言治疗师的指导或帮助下使用或修改。

1. 让学生面向镜子坐下。
2. 坐在学生旁边以便提供必要的触觉提示。
3. 把乳制品放在压舌板的尖上。
4. 让学生张开嘴。
5. 把乳制品放在牙槽嵴上。
6. 让学生用舌头舔掉牙槽嵴上的乳制品。
7. 鼓励学生每舔一次就发出一个"n"音。
8. 学做拼音手指操 n(如图 3-16),一边做动作一边读:一个门洞 nnn,两个门洞 mmm。

n

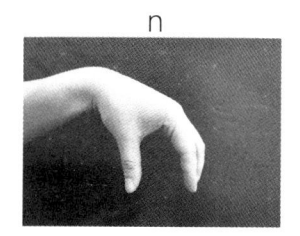

图 3-17

■ 3.14　发出舌尖中音 l

活动主题：发音练习
能力要求：视力、听力、语言、动手能力
兴趣水平：学前、小学
材料：卖报歌的音乐、作业纸、水彩笔、纸板

1. 教师播放《卖报歌》音乐。
2. 学做拼音手指操 l（如图 3-17），让学生指挥音乐。
3. 示范并让学生学习拖长的"l"音，告诉学生，像滑稽的马戏团小丑那样把下巴拉长，让教师看到学生的舌尖触到口腔顶部。当学生发这个音的时候，舌尖就在牙齿后面。让学生感受一下，发 l 时声带颤动，从舌头两边出气出声。
4. 用"l"代替歌词，跟老师唱《卖报歌》。
5. 边唱歌边做动作指挥。

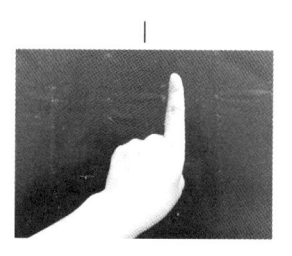

l

图 3-17

■ 3.15　练习声母 dtnl 与单韵母的拼读

活动主题：发音练习

能力要求:视力、听力、语言、动手能力

兴趣水平:学前、小学

材料:声母图片(如图 3-18)、动物及物品图片

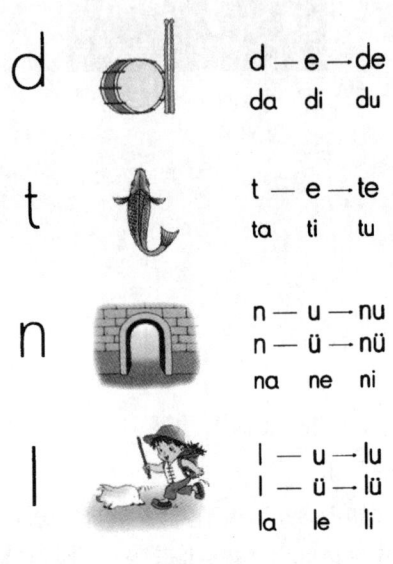

```
d             d—e—de
              da  di  du

t             t—e—te
              ta  ti  tu

n             n—u—nu
              n—ü—nü
              na  ne  ni

l             l—u—lu
              l—ü—lü
              la  le  li
```

图 3-18

1. 出示图片,给声母 dtnl 编个儿歌,学生跟读。队鼓 d,鱼尾 t,单门 n,小棍 l。
2. 组织学生做声母和带调韵母找朋友的拼读游戏。
   同学自己读音节:d—i→di,t—i→ti,n—i→ni,l—i→li,并读出四个声调 dī、dí、dǐ、dì,tī、tí、tǐ、tì,nī、ní、nǐ、nì,lī、lí、lǐ、lì,选其中的一个音节组一个词或说一句话。
3. 教师出示一些物品图片(塔、泥、笛、梯、梨、鹿、兔、驴),让学生找到图片中相应的音节,进行配对。
4. 开火车随意抽读图片右边的音节。

■ 3.16 发出舌根音 g

活动主题:发音练习

能力要求:视力、听力、语言、动手能力

兴趣水平:学前、小学

材料:纸卡

在语言治疗师的指导或帮助下使用或修改。

1. 让学生在纸卡上画鸡蛋,并剪好。
2. 教师把鸡蛋放在教室的不同地方。
3. 示范,找到一个鸡蛋就蹲在上面,然后开始学母鸡叫——"咯咯哒,咯咯哒……"
4. 提醒学生发 g 时不送气,抬起舌根,顶住上腭,再快速放开。
5. 学做拼音手指操 g(如图 3-19)。
6. 边做边唱儿歌《母鸡生蛋》老母鸡,真能干,会捉虫,会生蛋,数一数,几个蛋,一二三,三个蛋,老母鸡,把歌唱,"咯咯哒,咯咯哒,咯哒咯哒咯咯哒"。

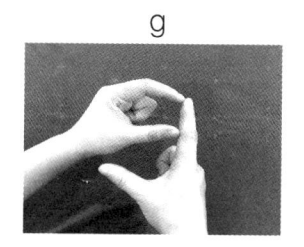

图 3-19

3.17 发出舌根音 k

活动主题:发音练习
能力要求:走动、视力、听力、语言
兴趣水平:学前、小学
材料:图片

在语言治疗师的指导或帮助下使用或修改。

1. 告诉学生们他们就像是舌头被下排牙齿卡住的乌鸦,只能小声说"咔咔咔"。
2. 向学生示范舌头怎样被卡住:把舌尖固定在下排门牙的下面,然后发出声音。
3. 确保所有的学生都能正确发音。
4. 让学生一边在教室里四处"飞",一边卡住舌头发出乌鸦的耳语。
5. 当他们回来的时候查看他们的嘴巴并听他们发音。

6. 学做拼音手指操 k(如图 3-20)。

图 3-20

3.18 发出舌根音 h 音

活动主题：发音练习
能力要求：视力、听力、语言
兴趣水平：学前、小学
材料：蜡烛、火柴、烛台

1. 让学生坐在放有蜡烛和烛台的桌子旁。
2. 点燃蜡烛。
3. 示范怎样吹灭火焰。
4. 让双唇分开。
5. 摸着肚子感受气流从隔膜发出来。
6. 让学生"许个愿"并吹灭火焰。
7. 学做拼音手指操 h(如图 3-21)。

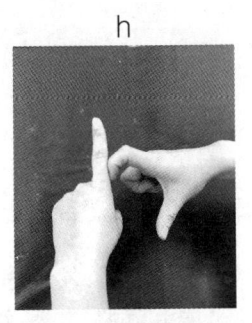

图 3-21

3.19 练习声母 gkh 与单韵母的拼读

活动主题：发音练习
能力要求：视力、听力、语言、动手能力
兴趣水平：学前、小学
材料：声母图片、动物及物品图片

1. 练习拼读音节：g—ē→gē　g—é→gé　g—ě→gě　g—è→gè
2. 组织学生做声母和带调韵母找朋友的拼读游戏。

— 66 —

同学自己读音节：k—ā→kā　k—ǎ→kǎ,h—ē→hē　h—é→hé　h—è→hè 选其中的一个音节组一个词或说一句话。

3. 教师出示一些物品图片（鸽、河、鹤、荷、鼓、裤、虎、壳），让学生找到图片中相应的音节，进行配对。

4. 用下面的拼读练习开火车（如图3-22）。

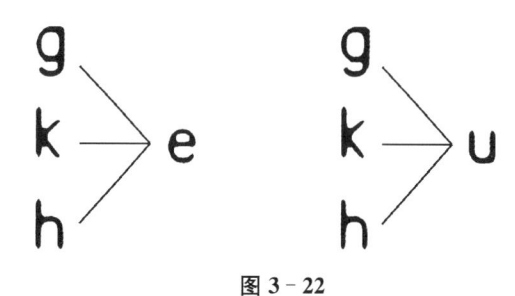

图 3-22

3.20　发出舌面音 j

活动主题：发音练习

能力要求：视力、听力、语言、动手能力

兴趣水平：学前、小学

材料：小鸡头饰、图片

1. 学做拼音手指操 j（如图3-23）。

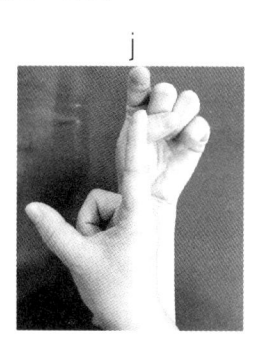

图 3-23

2. 教师把小虫、米等小鸡喜欢吃的食物图片放在教室里不同地方。

3. 学生戴上小鸡头饰，在教室寻找食物。

4. 找到后用手指操示意,同时,让学生说:"小鸡小鸡,叽叽叽。"注意舌面先靠近上腭,发 j 时舌面稍微离开上腭一些,让气挤出来。

5. 继续下去,直到他们找到所有食物。

6. 经常复习,直到学生可以正确地发出单独的"j"音。

■ 3.21 发出舌面音 q

活动主题:发音练习

能力要求:视力、听力、语言

兴趣水平:学前、小学、中学、青少年、成年人

材料:椅子、镜子、作业纸、蜡笔

在语言治疗师的指导或帮助下使用或修改。

1. 学生倾听正确的"q"音,并跟读。

2. 让学生坐在椅子上。用手放在嘴巴前面,感受 j 和 q 音的不同,知道发 q 时要送气。

3. 重复上述过程,直到学生能发出单个的正确的"q"音。

4. 再让学生对着镜子,强化正确的发音,并学做拼音手指操(如图 3-24)。

5. 完成的学生用蜡笔画气球,画一个,说一句:小小气球 qqq。

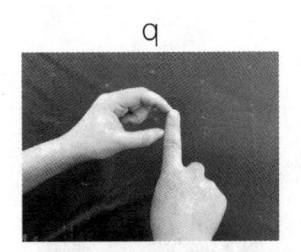

图 3-24

■ 3.22 发出舌面音 x

活动主题:发音练习

能力要求:视力、听力、语言

兴趣水平:学前、小学

材料：图片

在语言治疗师的指导或帮助下使用或修改。

1. 教师出示西瓜的图片，让学生扮演非常口渴的样子，小声说："西——瓜，西——瓜，西——瓜……"
2. 向学生示范怎样让舌头抵住下排门牙，舌面前部抬高靠近硬腭，形成窄缝，气流从缝中挤出，摩擦成音。
3. 确保所有的学生都能正确发音。
4. 教师把西瓜图片放在教室不同地方，让学生找出来，找到一张就说："嘻嘻嘻，大西瓜。"并用拼音手指操 x 向老师示意（如图 3 - 25）。

x

图 3 - 25

3.23 练习声母 jqx 与单韵母的拼读

活动主题：发音练习

能力要求：视力、听力、语言、动手能力

兴趣水平：学前、小学

材料：声母图片、小鸡图片

1. 出示七只小鸡图片。教师让学生说说图上是什么，数一数共有几只。
2. 学生朗读"七只小鸡"的儿歌。

jī jī jī， jī jī jī，
叽 叽 叽， 叽 叽 叽，

yī èr sān sì wǔ liù qī，
一 二 三 四 五 六 七，

qī zhǐ xiǎo jī xī xī xī，
七 只 小 鸡 嘻 嘻 嘻，

qí liù wǔ sì sān èr yī
七 六 五 四 三 二 一。

3. 看图片练拼读(如图 3-26)。

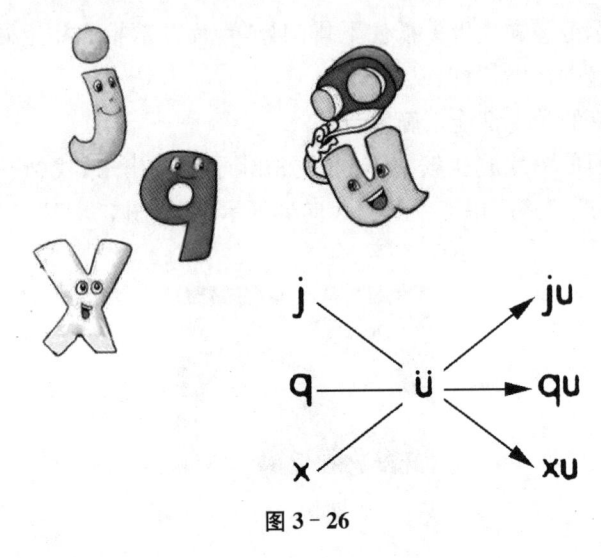

图 3-26

4. 让学生看看 j q x 和 ü 拼读后音节有什么变化。
5. 出示儿歌,学生跟着朗读,了解拼读规则。

小 ü 见了 j q x,摘下帽子笑嘻嘻。小 ü 碰见 j q x,去掉两点还读 ü。j q x,真淘气,从不和 u 在一起,它们和 ü 来相拼,见了帽子就摘去。

3.24 发出平舌音 z

活动主题: 发音练习
能力要求: 视力、语言、动手能力
兴趣水平: 学前、小学
材料: 作业纸、20 cm×28 cm 纸板
1. 在作业纸的上方画一只蜜蜂。
2. 从蜜蜂的嘴巴开始画连续的线,包括环、波浪和圆圈。
3. 画出断断续续地分布在这条线上的大花儿(如图 3-27)。

图 3-27

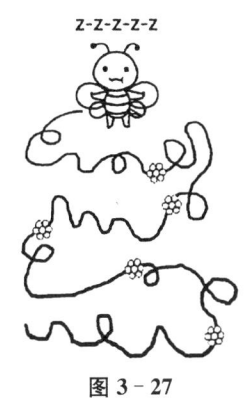

4. 把作业纸复制在 20 cm×28 cm 的纸板上,让学生人手一份。
5. 让学生把他们的食指放在这条线的起点,合上牙齿,舌尖平伸,舌头紧贴下牙床一边沿着蜜蜂的飞行路径前进,一边发出"z,z,z"的声音。
6. 当学生的手指到达花儿的位置时,让他们停下来歇口气,然后继续像蜜蜂一样发出嗡嗡声。
7. 继续下去,直到学生到达蜜蜂飞行路径的终点。
8. 如果有必要的话,检查每个学生对于"z"的发音。
9. 不断重复,直到学生能够正确发出单独的"z"音。
10. 学做拼音手指操 z(如图 3-28)。

图 3-28

■ 3.25 发出平舌音 c

活动主题: 发音练习
能力要求: 视力、听力、语言
兴趣水平: 学前、小学

材料:图片

在语言治疗师的指导或帮助下使用或修改。

1. 让学生坐在椅子上。
2. 教师出示刺猬的图片,让学生说说图片名称。
3. 为学生示范声母"c"发音。
4. 学做拼音手指操c(如图3-29)。
5. 教师准备几张声母c的图片(翠鸟、苍蝇),拿出一张,一边描述一边让学生猜猜是什么动物。
6. 当出现刺猬图片,学生一起说:刺猬刺猬ccc,当不是刺猬时,学生做拼音手指操c表示。

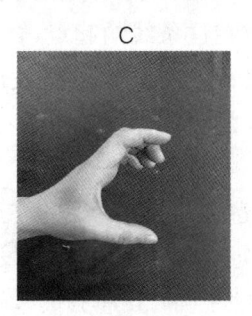

图3-29

3.26 发出平舌音 s

活动主题:发音练习
能力要求:视力、听力、语言、动手能力
兴趣水平:学前、小学
材料:作业纸、纸板

1. 画出立体的"s"形蛇身。
2. 为蛇身加上脸和舌头。
3. 从蛇的舌头开始画连续的线,包括环、波浪和圆圈。
4. 画出断断续续地分布在这条线上的大圆点。
5. 把作业纸复制在20 cm×28 cm的纸板上,让学生人手一份。
6. 让学生把他们的食指放在这条线的起点,合上牙齿,一边沿着蛇的路径前进,一边发出拖长的"s,s,s"的声音。
7. 当学生的手指到达圆点时,让他们歇口气,然后继续像蛇一样发出嘶嘶声。
8. 继续下去,直到学生到达路径的终点。
9. 检查学生的发音并在必要时进行纠正。
10. 重复练习,直到学生能够正确发出单独的"s"音。
11. 学做拼音手指操 s(如图 3-30)。

图 3-30

3.27 练习声母 zcs 与单韵母的拼读

活动主题:发音练习
能力要求:视力、听力、语言、动手能力
兴趣水平:学前、小学
材料:声母卡片、三种颜色的帽子、图片

1. 学生自己做声母和带调韵母找朋友的拼读游戏(如图 3-31)。

Z zi   z—a—za
zī zí zǐ zì   ze zu zuo

C ci   c—a—ca
cī cí cǐ cì   ce cu cuo

S si   s—a—sa
sī sí sǐ sì   se su suo

图 3-31

zī、zí、zǐ、zì
cī、cí、cǐ、cì
sī、sí、sǐ、sì

2. 把声母 zcs 剪下来，分别贴在三种颜色的帽子上。
3. 让三个学生自己上来带一个帽子，然后找到一张单韵母(a、e、u)卡片，举起来，放在帽子边上。
4. 找一个同学来拼读，如果正确，就把帽子给这个同学，如果错误就继续找同学读，直到正确。
5. 也可以同桌同学互拼，"z、c、s"与"a、e、u"组成的音节(如图 3-32)，让学生自己试着拼一拼。相互纠正。

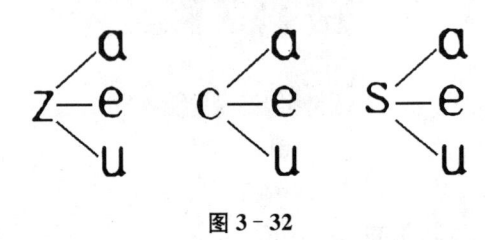

$$z{<}^{a}_{e}_{u} \quad c{<}^{a}_{e}_{u} \quad s{<}^{a}_{e}_{u}$$

图 3-32

3.28 发出翘舌音 zh

活动主题：发音练习
能力要求：视力、听力、语言
兴趣水平：学前、小学、中学、青少年、成年人
材料：黑板、镜子、卡片、儿歌录音
在语言治疗师的指导或帮助下使用或修改。

1. 让学生坐在椅子上。
2. 出示儿歌《吱吱叫的鞋子》：

我的鞋子真好笑，真好笑，真好笑，走起路来吱吱叫，吱吱吱吱叫。
小猫把我当老鼠，吱吱吱，吱吱吱，跟在后面喵喵喵，喵喵喵喵喵。

3. 学生听两遍，跟着哼哼，到了出现象声词的时候，一起发出吱吱的声音，

4. 学习拼音手指操 zh(如图 3-33)。

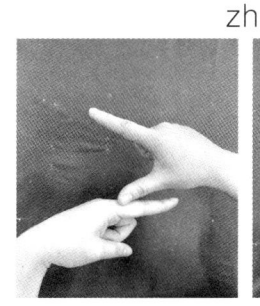

zh

图 3-33

5. 学生边做边练习发音,教师检查是否正确。
6. 再次播放儿歌,学生边唱边做手指操。

附注:表示 zh、ch、sh 时,先做 z、c、s 的手形后马上做 h 手形。

3.29 发出翘舌音 ch

活动主题: 发音练习
能力要求: 听力、语言
兴趣水平: 学前、小学
材料: 儿歌、动物头饰

1. 让学生坐成半圆形。
2. 教学生读儿歌:《吃饭不挑剔》

　　小羊爱吃草,小鸡爱吃米,小兔爱吃菜,小猫爱吃鱼,我是好孩子,吃饭不挑剔。

3. 给四个学生带上头饰,老师说动物名,叫到的"动物"起立,接读。
4. 学生轮流带着头饰,朗读。
5. 学做拼音手指操 ch(如图 3-34)。

ch

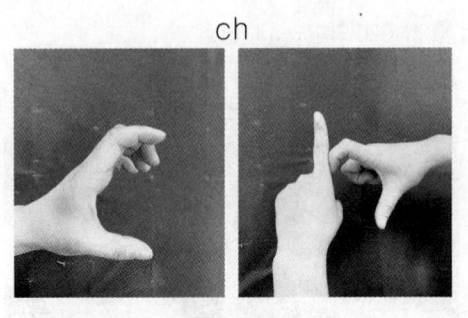

图 3-34

■ 3.30　发出翘舌音 sh

活动主题：发音练习
能力要求：视力、听力、语言、动手能力
兴趣水平：学前、小学
材料：作业纸、纸

1. 在作业纸上写出或打印出"sh,sh,sh"儿歌：

　　　学校有个史老师,sh,sh,sh。要叫我们学唐诗,sh,sh,sh。有些文字不认识,sh,sh,sh,他要我们先试试,sh,sh,sh。

2. 学做拼音手指操 sh(如图 3-35)。

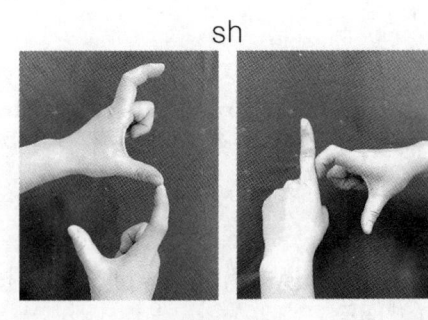

sh

图 3-35

3. 把两份儿歌文字剪下分别贴在"s""h"形图形里。
4. 学生一边用手指沿着路径轨迹走,一边读儿歌。

5. 完成后,就用拼音手势 sh 告诉老师。
6. 完成的学生奖励朗读挑战性儿歌,学生可以进行比赛,看谁说得清楚,说得快:

　　四是四,十是十,十四是十四,四十是四十,不要把十四说成四十,不要把四十说成十四。

3.31　发出翘舌音 r

活动主题:发音练习
能力要求:视力、听力、语言、动手能力
兴趣水平:学前、小学
材料:作业纸、纸、纸板

1. 教师示范 r,学生跟读。提示:zh ch sh r 是声母,发音轻短要记住。
2. 练习音节"ri",和声母比较,声音要拖长。
3. 在作业纸或纸板上画出包括长线和短线的各种竞赛跑道(如图 3-36)。

图 3-36

4. 告诉学生他们可以把自己想象成竞赛跑道上的汽车。
5. 汽车有时候可能出现发动机故障,示范断断续续的"r,r,r"。
6. 让学生选择"阅读"模式。
7. 让他们"阅读"所选的模式:用手指沿着从起点到终点的"路"前进,同时在长线的地方说"ri",在短线的地方说"r,r,r"。同时,做 r 的手势(如图 3-37)。

图 3-37

8. 用不同的模式使学生保持练习单独的"r"音的积极性。

■ **3.32　练习声母 zh、ch、sh、r 与单韵母的拼读**

活动主题:发音练习

能力要求: 视力、听力、语言、动手能力

兴趣水平: 学前、小学

材料: 声母卡片、儿歌图片

1. 教师出示声母卡片,速度较快,边出示边朗读,示范读四个声母 zh、ch、sh、r 时注意轻短。
2. 用同样的节奏,继续出示声母卡片,要求学生读四个声母 zh、ch、sh、r。提醒学生读时要注意轻短些。
3. 出示四个整体认读音节"zhi、chi、shi、ri"让学生想一想应该怎样读? 自己试着读一读。
4. 教师出示整体认读音节卡片时,时间长些,提醒学生借助"zh、ch、sh、r"的音,再读得长些、响些就是"zhi、chi、shi、ri"的音了。
5. 教师范读,学生跟读,指名读。
6. 开火车读。
7. 绕口令的练习:

　　　　公园有四排石狮子,
　　　　每排是十四只大石狮子,
　　　　每只大石狮子背上是一只小石狮子,
　　　　每只大石狮子脚边是四只小石狮子,
　　　　史老师领四十四个学生去数石狮子,
　　　　你说共数出多少只大石狮子和多少只小石狮子?

■ **3.33　练习 23 个声母的发音**

活动主题:发音练习

能力要求: 视力、听力、语言、动手能力

兴趣水平:学前、小学

材料:声母卡片、图片(如图 3-38)

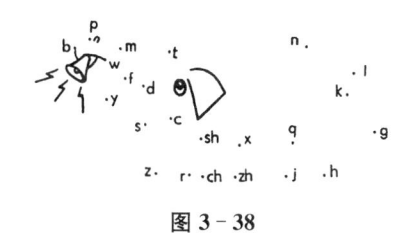

图 3-38

1. 开火车方式,每个学生读一张卡片,认读 23 个声母。
2. 找一个学生读 23 个声母,读得准,读得多,就得到一个星星作为奖励。
3. 给学生一张连线图片,让学生从声母 b 开始,按顺序连线,学生用铅笔试连。
4. 学生说说是怎么连的?(什么字母和什么字母相连)连成了什么动物图形。
5. 把声母卡片在地上,按顺序摆成自己想要的字母,如 S、Z,等等,沿着卡片,边跳边读。
6. 找声母游戏,先看看自己的姓名,分别找到姓和名的声母,再把自己姓氏的声母卡片举起来。
7. 老师报同学的名字,大家立即说出姓的声母。

3.34 拼出单韵母字词

活动主题:发音练习

能力要求:视力、听力、语言、动手能力

兴趣水平:学前、小学

材料:5 个木块、纸板、水彩笔、胶水

1. 把 5 个木块用标签纸包起来。
2. 在 1 个木块的每一面上写出单韵母,在 4 个木块的每一面上写出声母。
3. 让学生坐在桌子旁。
4. 示范怎样滚动用木块做成的骰子。
5. 告诉学生每次轮到他们的时候都要掷 2 次骰子,第 1 次选一个声母骰子再掷,第 2 次掷单韵母骰子。
6. 让学生读一读他所拼出的字词。

7. 告诉学生有些读音有对应的字,有些是不能相拼,如 23 个声母中,不能与"a"相拼的声母有 jqxr,不能与"e"相拼的声母有 bpfjqxw,不能与"i"相拼的声母有 fgkhw,不能与"u"相拼的声母有 jqxy,与"o"相拼的声母有以下 5 个 bpmfw,与"ü"相拼的声母有以下 6 个 nljqxy。也可以列一张表,帮助学生顺利地玩骰子游戏。

3.35 发出复韵母 ai ei ui

活动主题:发音练习
能力要求:视力、听力、语言
兴趣水平:学前、小学
材料:图片卡(如图 3-39)、镜子

图 3-39

1. 教师拿出 a 和 i 这两张卡,让他们越挨越近,同时,嘴里说图上的两个小朋友挨得很近,"挨"就是字母 ai 的音,ai 要先发 a 的音,嘴张大,声音响亮,然后迅速向 i 滑动,i 的发音轻短,合起来一口气读成 ai。
2. 教师范读:ai,ai,ai。学生学读 ai,ai,ai。
3. 出示 ai 四声调卡片:āi ái ǎi ài,学生开火车读。
4. 出示图片字母 ei,图上的小孩子在砍树枝,他嘴里会发出什么声音呢? ei

ei ei。

5. 教师示范读 ei，让学生感受，发音的方法和 ai 一样，要先发 e 的音，舌尖逐渐向上抬，最后发 i 的音，就成了 ei 的音。学生跟读，ei,ei,ei。

6. 出示 ei 四声调卡片：ēi éi ěi èi。学生开火车读。（可运用多种方法练习读。）

7. 看图，图片上女孩脖子上是什么？围巾的"围"发一声就是 ui 的音，要先发 u 的音迅速向 i 滑动就是 ui 的音。学生跟教师练习读准 ui 的音。

8. 出示 ui 四声调卡片：uī、uí、uǐ、uì。学生开火车读。（可运用多种方法练习读。）

9. 学生朗读儿歌：复韵母，真有趣，两个字母在一起，口形变化要注意，合成一音要牢记。

3.36 发出复韵母 ao ou iu

活动主题：发音练习

能力要求：视力、听力、语言

兴趣水平：学前、小学

材料：图片卡（如图 3-40）、镜子

1. 学生朗读 ai ei ui，想一想，复韵母是怎么读的。

2. 出示 ao，学生试试能不能读，看插图提示，ao：图上画着什么？（奥运会的标

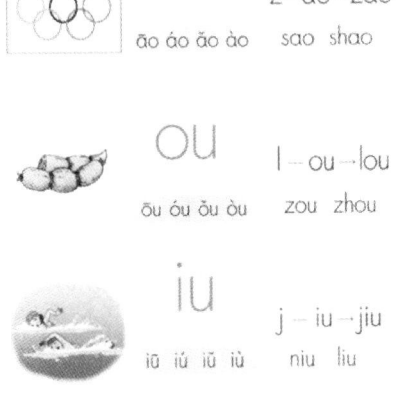

ao   z—ao→zao
āo áo ǎo ào   sao shao

ou   l—ou→lou
ōu óu ǒu òu   zou zhou

iu   j—iu→jiu
iū iú iǔ iù   niu liu

图 3-40

志)领读:"奥运会",复韵母 ao 就是"奥"的第一声。先发 a 音,紧接着向 o 音滑动,a 重 o 轻,就成了 ao。教师示范读 ao,让学生一个个读,再齐读。

3. 出示韵母的四声调卡片:āo(凹进凸出)、áo(熬药)、ǎo(棉袄)、ào(骄傲),学生读一读,组词说一说。
4. 看插图:图上画的是什么?(图上画的是藕。)谁能把 ǒu 改成第一声来读一读,出示:ou 。
5. 看老师念 ou,说说口形是怎样变化的?(先发 o 音,很快地向 u 滑动,o 重 u 轻。)
6. 学生对着镜子发音练习。
7. 练读 ou 四声:ōu(海鸥)、óu(噢)、ǒu(鲜藕)、òu(怄气)。读一读,组词说一说。
8. 看插图,图上画着谁在干什么?(人们在游泳池里游泳。)出示:ui。
9. 学生读一读 ui、ui、ui。
10. 出示四声练习句子,学生跟老师读:

iū,努力学习要得优。
iú,我替妈妈去买油。
iǔ,他是我的好朋友。
iù,我们要尊老爱幼。

3.37 发出复韵母 ie üe er

活动主题:发音练习
能力要求:视力、听力、语言
兴趣水平:学前、小学
材料:图片卡(如图 3-41)、镜子

图 3-41

1. 出示图片，让学生说说看到了什么。
2. 编儿歌记住复韵母 ie："椰，椰，椰，椰树的椰。""爷，爷，爷，爷爷的爷。""野，野，野，田野的野。""夜，夜，夜，夜晚的夜。"
3. 学生开火车读句子。
4. 学生编关于 üe 的儿歌："约，约，约，约会的约。""月，月，月，月亮的月。""乐，乐，乐，音乐的乐。""越，越，越，越来越多的越。"每编出一句，大家一起读。
5. 学生编写关于 er 的儿歌："儿，儿，儿，儿子的儿。""而，而，而，而且的而。""耳，耳，耳，耳朵的耳。""二，二，二，一二三的二。"每编出一句，大家一起读。

3.38 发出复韵母 an en in un ün

活动主题：发音练习
能力要求：视力、听力、语言
兴趣水平：学前、小学
材料：图片卡、镜子

1. 出示韵母卡片，让学生说说这几个复韵母相同的地方。
2. 教师介绍，这几个复韵母后面都有-n，这个-n，不是声母 n，只表示鼻音。教师发出五个复韵母的音，让学生仔细听。告诉学生这些都是前鼻韵母。
3. 教师发 an，让学生注意口型，同时用手势演示。先发 a，发音时摆好发"n"的准备，口不宜张得太大，马上用舌尖顶住上腭的前部，使气流从鼻孔出来，要念成一个音。
4. 教师范读、领读、指名读、开火车读、齐读。
5. 练习 an en in un ün 发音。
6. "开双列火车"对比发音，看哪对同学读得好。
7. 整体认读音节的四声练习。

树荫下面多阴凉，yīn yīn yīn
十五的月亮洒银光，yín yín yín
夏天热，喝饮料，yǐn yǐn yǐn
杯上有个小手印，yìn yìn yìn

3.39 发出复韵母 ang eng ing ong

活动主题：发音练习
能力要求：视力、听力、语言
兴趣水平：学前、小学
材料：图片卡（如图 3-42）、镜子

图 3-42

1. 抽读卡片 an en in un ün。回忆前鼻韵母发音的要领。
2. 出示图片，让学生说说看到了什么。
3. 示范发音，领读，羊，灯，鹰，钟。学生跟着试读。
4. 将 ang 和 an 的读音比较，告诉学生 ang 叫后鼻韵母，是由一个鼻尾音 ng 组成的。
5. 教师师范，指导发好鼻尾音 ng。ang 音，先发 a 音，接着舌根高抬，舌头后缩，鼻子出气。教师领读，让学生用手在鼻前感受气流。指名读。
4. 教师范读、领读、指名读、开火车读、齐读。
5. 练习 ang 的四声：出示 āng、áng、ǎng、àng 学生自由练读，随即抽读。
6. 练习 ang eng ing ong 发音。

7. "开双列火车"对比发音,看哪对同学读得好。
8. 朗读儿歌:

dēng shān
登 山

yī èr sān　yī èr sān
一 二 三 ,一 二 三 ,

lín wén sūn yàn qù dēng shān
林 文 孙 燕 去 登 山 。

lín wén dēng dào bàn shān yāo
林 文 登 到 半 山 腰 ,

fēng ér gěi tā cā cā hàn
风 儿 给 他 擦 擦 汗 。

sūn yàn dēng dào shān dǐng shàng
孙 燕 登 到 山 顶 上 ,

bái yún kuā tā yì zhì jiān
白 云 夸 她 意 志 坚 。

3.40　发出所有的复韵母

活动主题:发音练习
能力要求:视力、听力、语言
兴趣水平:学前、小学
材料:图片卡、镜子
在语言治疗师的指导或帮助下使用或修改。

1. 找一些能帮助学生按要求做出回答的卡片,如:用月亮的图片帮助发 üe,树叶的图片帮助发 ie,用耳朵的图片帮助发 er。
2. 让学生坐在地板上。
3. 把镜子摆好,以便让学生对照矫正他们自己的发音。
4. 一次向学生展示一张卡片。
5. 向学生问一些简单的问题,如:提问"你用什么来听声音?"学生回答"er ";提问"看看现在天上有什么?"学生回答"ün"。
6. 如果学生回答错误,告诉他正确答案并让他重新回答。
7. 经过几次试练之后,希望学生能够在无须示范的情况下做出回应。

第四章　语言理解

能够理解语言沟通

行为标识

不理解别人所说的话
对名字和单词没什么反应
不能正确回答问题
不听从口头的指挥
不能根据口头指挥找出物体所在的位置并放置物体
不能根据要求指向熟悉的物或人

第四章 语言理解

■ 4.01 对说话声做出反应

活动主题：听力练习

能力要求：听力

兴趣水平：学前、小学

材料：包装纸筒心、水彩笔、胶带

1. 把一卷包装纸中心部分的硬纸筒拆下来。
2. 把硬纸筒的一端用水彩笔或胶带标记为"开口端"。
3. 把开口端靠近学生的耳朵，并通过它对学生讲话。
4. 叫出学生的名字并且说"看，听"或者"嘟嘟"，以便引起注意。
5. 对着学生的每只耳朵都讲一下。
6. 讲话时，有时候用轻柔的声调，有时候用响亮的声调。
7. 也可以把硬纸筒给学生，让他对着硬纸筒讲话。

■ 4.02 按照简单的指令停止活动

活动主题：听从指令

能力要求：走动、听力

兴趣水平：小学

材料：红灯、绿灯、卡片

1. 把学生带到操场上，玩"木头人"游戏。
2. 告诉学生活动的目的是走到"指挥员"身边而不被逮到。
3. 让学生隔着场地在"指挥员"对面排队。
4. 当"指挥员"喊"绿灯"时，学生可以朝着"指挥员"跑或走。
5. "指挥员"一喊"红灯"，学生就必须停下来。
6. 提醒学生：当"指挥员"喊了"红灯"后，还在移动的人，就被捉住，必须返回起跑线。
7. 还可以使用不同的命令词。
8. 指出第一个触摸到"指挥员"而不被逮到的学生就是获胜者。

■ **4.03** 听到有人叫自己的名字时,停止活动、抬头看或走向说话人

活动主题:听从指令
能力要求:走动、听力
兴趣水平:学前
材料:名字歌的录音

1. 让学生围坐在地板上。
2. 让学生听歌曲《你叫什么名字?》。
3. 老师做游戏活动的主持。
4. 告诉学生当歌中唱到"你叫什么名字"时,老师将会指向他们中的一个,被指到的学生就必须说出他的名字。
5. 如果这个学生不会说,也可以让他做手势表示,比如挥一下手。
6. 继续下去,直到所有的学生都有机会说出自己的名字。

■ **4.04** 在无须动作演示的情况下,根据简单的口头要求做出适当的手势

活动主题:按口令打手势
能力要求:视力、听力、动手能力
兴趣水平:学前

1. 开始时用动作演示和口头指令配合来示范适当的手势。
2. 说"拍手",然后教师示范拍拍自己的手。
3. 说"李明,拍手",并帮助这个学生把两只手拍一拍。
4. 每隔一次提供动作演示。当学生可以在无须帮助的情况下做手势时,逐渐停止动作演示。
5. 当教师或者学生正确地打手势时,继续对手势进行口头描述,如"拍手"。
6. 反复使用不同的口令与适当的手势相匹配,如"再见、摸鼻子、摸头发"或"打桌子"。

■ **4.05** 按要求指出 10 个身体部位或所属物

活动主题:听说游戏

能力要求:视力、听力、动手能力

兴趣水平:学前、小学

材料:身体部位可贴图的大型纸娃娃

1. 制作身体部位可贴图替换的大型纸娃娃。
2. 教师举着纸娃娃,与学生讨论观察身体各个部位并让学生指出他们自己的身体部位。
3. 提醒学生在回答问题的时候,找到纸娃娃的某个部位并把它贴在纸娃娃上。
4. 问"什么帮你听?什么帮你看?"或者"什么帮你闻?"
5. 学生口头回答问题或指出自己身体相应的部位。
6. 表扬学生,并让学生拿这个部位的图片贴到纸娃娃上。
7. 可以让学生轮流充当老师来提问。

4.06 按要求指出家庭成员和熟悉的家用物品

活动主题:听从指令

能力要求:视力、听力

兴趣水平:学前、小学

材料:照片、纸板

1. 准备每个学生的家庭成员照片和家里景物的照片。
2. 把照片剪出来并随意贴在一张大图片上。
3. 让学生聚集在图片周围。
4. 指着图片上的照片。
5. 问学生"有人知道这是谁吗?"或者"这件东西是谁家的?"
6. 让学生说一说他们辨认出的人或物。

4.07 听从伴着手势的口头指示

活动主题:听力理解练习

能力要求:视力、听力、动手能力

兴趣水平:学前、小学

材料:球、梳子、牙刷

1. 收集各种功能物体。
2. 和学生面对面坐在桌子旁。
3. 把两个物体放在桌子上。
4. 让学生识别这些物体。
5. 一边指着牙刷,一边告诉学生"给我一个牙刷"。
6. 留出短暂的时间让学生做出反应。
7. 如果学生没有做出反应,把学生的手放在这个物体上。
8. 如果学生第二次的时候做出了反应,重复练习一次并对他给予表扬。
9. 继续用其他的物体来练习。

4.08 在没有手势指令时,听从简单的口头命令

活动主题:听力理解练习
能力要求:走动、听力、动手能力
兴趣水平:学前、小学
材料:8 cm×12 cm 卡片、水彩笔

1. 准备一些简单指令的图片卡,如:坐下或者跳跃。
2. 拿着卡、发出指令。
3. 让学生听从指令。
4. 为学生示范。
5. 一边说出指令命令,一边出示指令图片,并等着学生做出反应。
6. 继续进行每张卡片上的动作,直到学生做出令人满意的表现。
7. 如果学生的动作不正确,为他示范正确的动作,并让他再试一遍。

4.09 在使用第一人称代词"我""我们"时,做出适当的动作

活动主题:听力理解练习
能力要求:走动、动手能力
兴趣水平:学前、小学

1. 告诉学生这是听力游戏。
2. 准备带有代词的简单句,如:"我想让你单脚跳;给我拿一本书来;我们一起

看书。"等。
3. 告诉学生仔细听并且按照老师说的去做。
4. 指着一个学生,模仿着说出带有代词的句子。
5. 让其他学生根据口头指令完成要求。
6. 偶尔说一个简单的句子,如:"给我开一下门"。
7. 让每个学生都有机会听和做出反应。

■ **4.10** 在使用代词"他""她""它"给出口头命令时,做出适当的动作

活动主题:听力理解练习
能力要求:视力、动手能力
兴趣水平:学前、小学
材料:纸板、10个小物件、水彩笔
1. 用纸板剪出男孩和女孩的形状。
2. 用记号笔装饰一下。
3. 准备10个小物件。
4. 把男孩和女孩的图片放在游戏区。
5. 说"他是一个男孩",并指着男孩的图片。
6. 指着女孩的图片说类似的话。
7. 说"他想要足球"或"她想要布娃娃"。
8. 为学生示范,把足球放在男孩的图片上。
9. 让学生拿起布娃娃放在女孩的图片上。

■ **4.11** 在使用代词"他""你""他们"给出口头命令时,做出适当的动作

活动主题:听力理解练习
能力要求:视力、听力、动手能力
兴趣水平:学前、小学
材料:洋娃娃、小玩具
1. 准备一个男"娃娃"和一个女"娃娃"。
2. 把女"娃娃"交给学生。

3. 给出几个指令,如:拥抱她,给她洗个澡,给她一个瓶子。

4. 把女"娃娃"换成男"娃娃",重复上述指令,只是用人称代词"他"来替换"她"。

5. 把两个"娃娃"放在学生面前。

6. 说"给她一个瓶子。""给他们每人一个瓶子。"

7. 当学生选错或做错的时候,老师示范正确的选择,同时强调人称代词。

8. 向学生发出同样的指令,并让他再试一遍。

■ **4.12 在使用代词"他的""你的""他们的"给出口头命令时,做出适当的动作**

活动主题:听力理解练习

能力要求:视力、听力、动手能力

兴趣水平:学前、小学

材料:纸板、水彩笔

1. 用纸板剪出男孩和女孩的形状或者准备两个"娃娃"。

2. 用纸板剪出简单的衣服或者使用"娃娃"的衣服。

3. 用记号笔来修饰细节处。

4. 把男"娃娃"、女"娃娃"和衣服放在桌子上。

5. 让学生为"娃娃"找到合适的衣服。

6. 让学生把衣服放在对应的"娃娃"上。

7. 为学生示范几次。

8. 让学生自愿练习。

9. 如果学生出了错,老师示范正确的选择,把衣服放回桌子上,并让他再试一遍。

■ **4.13 用非语言的方式回答具体问题**

活动主题:表达练习

能力要求:听力

兴趣水平:学前、小学

1. 准备一些要求用"是"或"不是"来回答的问题。

2. 发给每个学生一个玩偶。

3. 告诉学生如果问题的答案是"是",就让玩偶点头;如果问题的答案是"不是",就让玩偶摇头。
4. 为学生示范。
5. 先问一些学生生活方面的简单问题,以便确保学生能够理解。
6. 再让学生回答一些事先准备的问题。

4.14 用正确的、非语言的方式回应一些身体状态的问题

活动主题:表达练习
能力要求:听力
兴趣水平:学前、小学
材料:小卡片

1. 准备10~15张小卡片,在上面写一些问题。如:你在睡觉吗？你饿吗？你受伤了吗？或这个女孩正在哭吗？
2. 让学生在老师周围坐成半圆形。
3. 先问一些提到学生名字的个人问题。
4. 学生可以摇头、打手势、或唱出"是"和"不是"。
5. 如果有可能,对学生进行提示。如:"王磊,你的回应是对的。你很认真,思想没有开小差。"

4.15 根据功能指出常见的物体

活动主题:表达练习
能力要求:视力、语言
兴趣水平:学前、小学
材料:图片

1. 准备一些日常物品的图片。
2. 把图片展示给学生。
3. 讨论"你可以用每件物品做什么"。
4. 让学生说出物品的功能。
5. 告诉学生如果他回答正确,他就可以保留这张卡片。

6. 如果学生回答错误,告诉他正确答案,稍后再次让他回答问题。

7. 继续下去,直到所有的图片都用完。

8. 在游戏结束时获得最多图片的学生就是获胜者。

■ **4.16 指出"上方""下方",或者把物体放在上方、下方**

活动主题:表达练习

能力要求:听力、动手能力

兴趣水平:学前、小学

材料:广告纸板、接触印相纸、水彩笔

1. 用橙色广告纸板和水彩笔制作18个直径为约10 cm的足球。

2. 把足球发给学生。

3. 告诉学生如果他们听从"教练"的指令,他们就可以得分。

4. 让学生把他们的足球准备好,"向上、向下、(桌子)里面、(桌子)外面、(桌子)上方"或"(桌子)下面"。

5. 告诉他们:得分最多的学生可以成为下一轮活动的"教练"。

■ **4.17 指出"上面""里面""外面",或者把物体放在上面、里面、外面**

活动主题:表达练习

能力要求:听力、动手能力

兴趣水平:小学

材料:有盖子的盒子、8 cm×14 cm的卡片、小物件、水彩笔

1. 准备有盖子的普通盒子。

2. 在盒盖上剪出1个直径为10 cm的孔。

3. 收集各种小物件。

4. 在每张8 cm×14 cm英寸的卡片上分别写出"里面""上面"和"外面"。

5. 发给学生盒子、物件和正面朝下的卡片。

6. 示范"里面""上面"和"外面"的正确位置。

7. 告诉学生拿起最上面的卡片。如果卡片上写着"上面",就把一个物件放在盒子上。

8. 如果学生不会读卡片上的方位词,给他读一读。
9. 如果学生出了错,为他示范正确做法,并让他再试一遍。

■ **4.18 指出"下面""上方",或者把物体放在下面、上方**

活动主题:表达练习
能力要求:视力、听力、动手能力
兴趣水平:学前、小学
材料:各种物件

1. 让学生在教师周围坐成半圆形。
2. 通过把某物放在下面或上方,示范"下面"和"上方"的概念。
3. 让学生拿起一个物件,把它放在教室里课桌的下面。
4. 让其他学生观察。如果这个学生做对了,就为他鼓掌。
5. 必要时提供示范。
6. 继续下去,直到每个学生至少有2次机会。
7. 还可以让一个学生把物件藏在指定的地方,同时让其他学生闭上眼睛。然后让其他学生睁开眼睛来寻找这个物件。

■ **4.19 指出"顶端""底部",或者把物体放在顶端、底部**

活动主题:语言理解练习
能力要求:视力、动手能力
兴趣水平:学前、小学
材料:纸、剪刀、颜料

1. 发给学生纸、颜料或水彩笔。
2. 告诉学生在纸上画一张脸或别的物体。
3. 把图画分成4份。
4. 把这4部分图画混在一起,然后把它们交给学生。
5. 让学生找出顶端的每一部分。
6. 让学生把顶端的两部分拼在一起。
7. 让学生找出底端的每一部分,并且把所有的部分拼起来。

8. 让学生看一看这张图画,检查一下,是否和他自己所画的一样。
9. 如果学生拼错了,告诉他哪些部分是顶端的,哪些部分是底部的,然后让他再试一遍。

■ 4.20　指出"旁边""后边",或者把物体放在旁边、后边

活动主题：语言理解练习

能力要求：走动、视力、听力、语言

兴趣水平：学前、小学

材料：椅子、桌子

1. 选一个学生来配合老师。
2. 在学生耳边轻轻说出指令,如:坐在桌子旁边,坐在桌子后边。同时让其他学生闭上眼睛。
3. 确保学生坐在适当的位置,然后说:"×××(学生的名字)在哪里?"
4. 让其他学生睁开眼睛,说出他/她在哪里以及在什么位置。
5. 指导学生用简单的短语回答问题,短语中要包括方位词。
6. 选择第一个正确回答问题的学生来充当下一个配合老师的人。
7. 当学生比较熟练的时候,增加可供选择的介词。

■ 4.21　指出"前面""后面",或者把物体放在前面、后面

活动主题：语言理解练习

能力要求：视力、听力、动手能力

兴趣水平：学前、小学

材料：盒子、图画纸、水彩笔

1. 用棕色的图画纸为每个学生准备 6 个大约 10 cm 长的"鸡腿"。
2. 发给每个学生一个盒子,里面有 6 个"鸡腿"。
3. 根据听到的指令,学生把他们的"鸡腿"放在盒子的不同部位:"顶端、底部、旁边、后边、前边、后方、上方、下方、前方"或"后部"。
4. 重复这些命令并为学生示范,直到"鸡腿"被放在正确位置。

4.22 指出"斜上方""斜下方",或者把物体放在斜上方、斜下方

活动主题:语言理解练习
能力要求:视力、听力、语言
兴趣水平:学前、小学
材料:黑板、粉笔

1. 在黑板上画出井字游戏框。
2. 在左上方的空格中画一条狗。
3. 在中央的空格中画一所房子。
4. 在房子的右边画一棵树。
5. 在左下角画一朵花。
6. 选择2个学生。
7. 告诉学生仔细听老师的指令。
8. 先让其中的一个学生按要求指出左(右)上方或左(右)下方的空格。
9. 如果学生指对了,给他计分。
10. 如果学生指错了,告诉他应该指向哪里,并让下一个学生开始"游戏"。
11. 在游戏结束时得分最多的学生就是获胜者。

4.23 指出"前面""后面",或者把物体放在前面、后面

活动主题:语言理解练习
能力要求:听力、语言
兴趣水平:学前、小学

1. 把学生按名字的拼音字母表顺序(或按笔画多少)排列。
2. 让学生指出并记住谁在他们的前面、谁在他们的后面。
3. 让学生打乱顺序。
4. 让学生指出现在谁在他们的前面、谁在他们的后面。
5. 让学生按之前的拼音字母顺序,重新排队。
6. 排队之前让学生想想谁在他们的前面、谁在他们的后面。
7. 让学生确认他们的前后所站的学生是对的。

4.24 指出"围着""穿过";把一个物体放在另一个物体的周围或者让它通过另一个物体

活动主题:语言理解练习

能力要求:走动、视力、听力

兴趣水平:学前、小学

材料:大箱子

1. 准备一个大箱子。
2. 确保学生可以从箱子里爬过去。
3. 听指令"围着、穿过",让学生把他的手放在"隧道"(大箱子)上,围着"隧道"边走动,到了"隧道"口,再穿过"隧道"爬出来。
4. 如果学生无法完成任务,可以示范给他看,如何根据指令进行活动。
5. 把指令重复几次。
6. 确保学生在活动过程中说出了关键词。
7. 改变指令的顺序,以便了解学生是否已经掌握了关键词所表达的概念。
8. 你还可以为学生计时。
9. 比较学生每天的速度。

4.25 按要求指出与自己的学校相关的人或物

活动主题:猜名游戏

能力要求:视力、语言

兴趣水平:学前、小学

材料:照相机、广告纸板、胶水、袋子

1. 拍一些校长、校医、教师和学校保安的照片。
2. 用胶水把每张照片分别粘贴在一小块广告纸板上,从而为它们制作一个边框。
3. 把这些照片放进一个袋子里。
4. 让学生轮流从袋子里拿出一张照片。
5. 让学生猜测照片里的人是谁。
6. 如果学生猜对了,把这张照片送给他。

7. 如果学生猜错了,告诉他正确答案,并把这张照片放回袋子里。
8. 继续下去,直到所有的照片都被辨认出来。

■ **4.26 按要求指出与自己的街坊或社区生活相关的人或物**

活动主题:语言理解练习
能力要求:视力、听力、语言
兴趣水平:学前、小学
材料:照片、卡纸

1. 找一些社区民警、公交车司机、消防员、小卖部店员等人的照片。
2. 用卡纸盖住这些照片。
3. 把这些照片放在学生前边的桌子上或地板上。
4. 讨论照片里这些人和他们的社会责任。
5. 教师可用提问的方式:"如果我的房子着火,谁会帮助我?"
6. 第一个拿出正确照片的学生,可以留着照片。
7. 继续下去,直到一张照片都不剩,照片多者获胜。

■ **4.27 正确回答关于摘要或概念的问题**

活动主题:猜谜游戏
能力要求:视力、听力、动手能力
兴趣水平:学前、小学
材料:声源的照片(如:猫、狗、汽车、铃、飞机)

1. 选择各种声源的照片并把每张照片贴在一张卡片上。
2. 把这些卡片摆放在桌子上。
3. 教师提问:"可以发出叮叮声的东西",或者"可以发出很大声响的东西,你能猜出它是什么吗?"
4. 告诉学生如果他们知道答案就举手。
5. 选一个学生,让他拿起一张卡片。
6. 如果他猜对了,让他留着这张卡片。
7. 如果他猜错了,把卡片放回桌子上并让他再试一遍。

■ **4.28 回答基于口语资料的具体问题**

能力要求:听力、语言、动手能力

兴趣水平:学前、小学

1. 告诉学生他们将要玩"我是什么?"的游戏。
2. 教师描述物体或人,如果学生知道它是什么或者它是谁,就举手。
3. 提问问题,如:"我是圆的,红色的,可以吃的东西。我是什么?"
4. 让问题更难一些。
5. 选择举手的学生回答问题。
6. 如果学生回答正确,告诉他他可以成为下一个描述者。
7. 如果学生回答不正确,选择另一个学生,并让他稍后再试。
8. 继续下去,直到所有的学生都有机会。

■ **4.29 从口语资料中选择主要观点**

活动主题:语言理解练习

能力要求:视力、听力、动手能力

兴趣水平:学前、小学

材料:活动照片、图画纸、手机录音

1. 准备一些参加活动的人们的照片。
2. 讨论照片里发生什么事、原因是什么、接下来将会发生什么事。
3. 让学生叙述这些照片的故事并录下,或者用画绘本故事的方式表达这些故事。
4. 让一个学生描述照片,同时让另一个学生根据描述独自画一张图片。以此来挑战学生的听力技巧。
5. 抄录这些故事,并把这些故事同图片一起装订成故事书。还可以把学生的作品做成电子书。把这本书读给学生听。

第五章 语言发展

运用手势、声音和文字进行交流

行 为 标 识

用手势表达自己的需要
用不完整的语言说话——字词、短语、短句
只用简单的句子说话
使用不正确的代词、动词
使用自己的名字而不是代词"我"
使用音调变化来问问题,而不是用完整的句子
很少参与课堂讨论

5.01　使用面部表情、手势来表达情绪

活动主题:情绪表演

能力要求:视力、听力、语言、动手能力

兴趣水平:小学

1. 让学生围坐成一圈。
2. 用动作和手势表达兴奋、高兴、难过、愤怒或困倦。
3. 使用夸张的面部表情和手势。
4. 让学生猜一猜老师的情绪,然后让每个学生进行情绪表演,而老师和另外一个学生猜测表演者的情绪。
5. 继续下去,直到所有的学生都有机会表演情绪。
6. 教师还可以为学生设置情境并让其表现出情绪;或者谈论情绪,并且让每个学生说出自己什么时候有过那种情绪。

5.02　对着镜子用不相关的词练习有旋律的、有节奏的语音模式

活动主题:语气语调练习

能力要求:视力、听力、语言

兴趣水平:学前

材料:镜子

1. 选择学生经常使用的字词或语调,如:啦啦。
2. 准备一块场地,在这里教师和学生可以对着镜子练习。
3. 学生早晨到校后不久就带他们进行一对一的活动,对某个字词或语调做出改变。
4. 每天都改变字词或语调,从而打破最初的语调模式。
5. 学生每次使用一种新的语调都对他给予奖励。
6. 如果学生恢复到正常语调,提醒他"这不是今天的语调。今天的语调是……",让他说出一种语调。
7. 在一天中多次让学生发出这种语调。

5.03　主动向别人他展示某个物体、人或情况,以便进行交流

活动主题:交流练习

能力要求：视力、听力、语言

兴趣水平：学前、小学

材料：玩具

1. 把学生喜欢的一些玩具放在桌子上。
2. 点名，让学生介绍这些玩具。
3. 和学生一起玩玩具。
4. 在高兴的互动玩耍过程中，教师拿一个玩具转过身去。
5. 观察学生是否会用肢体语言表示，如：拉着老师要他手里的玩具。
6. 记录学生在其他场合使用肢体语言交流的情况。
7. 可以对学生进行提示，如：伸出手并且说"给我看一看"，从而鼓励学生拉着别人进行交流。

■ 5.04　运用一个词来表达更多需求

活动主题：表达练习

能力要求：听力、语言

兴趣水平：小学

材料：食物、玩具

1. 为学生示范：吃掉食物的一小部分，说"还要"，然后再咬几口。
2. 给学生一小块儿食物并问他："还要吗？"
3. 只有当学生说"还要"的时候，才给他另外一块食物。
4. 如果学生不能自发地说"还要"，告诉学生"说，还要"。
5. 用学生喜欢的不同食物、饮料或玩具来重复练习。
6. 只有当学生重复说"还要"的时候，才给他更多他想要的东西。

■ 5.05　介绍自己的名字

活动主题：介绍自己

能力要求：视力、听力、语言

兴趣水平：学前、小学

材料：玩偶

1. 准备玩偶。
2. 告诉学生老师今天邀请了几个特别的朋友来到学校。
3. 介绍这些玩偶。
4. 告诉学生这些玩偶也愿意认识他们。
5. 等着学生向玩偶介绍他们自己的名字。
6. 如果学生做得对,让一个玩偶拥抱一下他。
7. 如果第一个学生没有做出回应,让玩偶询问另一个学生,并让这个学生示范正确的回答。
8. 用玩偶的拥抱来奖励学生。
9. 继续下去,直到所有的学生都有机会。
10. 教师还可以让做出正确回应的学生来操作玩偶,并且让另外一个学生来回答。

■ 5.06 看到一个熟悉的物品时,说出它的名称

活动主题:表达练习
能力要求:语言、动手能力
兴趣水平:学前、小学、中学
材料:盒子、小物件、纸

1. 在大盒子前部剪出2个洞,以便让手臂伸进去。
2. 用厚纸盖住盒子,并在上面写上一个问号。
3. 收集各种小物件,如:牙刷、纸巾、安全的塑料玩具等。
4. 让学生把他的手伸进洞里并拿出一个物件来。
5. 让学生说出物件的名字,或者告诉他正确的名字并让他重复这个名字。
6. 教师还可以让学生在把一个物件从盒子里拿出来之前先分辨一下它是什么,然后把它拿出来,看他是否说对了。
7. 发展思维技能和触觉技能。

■ 5.07 通过物品特点,说出常见物品的名称

活动主题:表达练习

能力要求:视力、语言

兴趣水平:学前、小学

材料:10~20个物品、塑料盒子、篮子

1. 收集放鸡蛋用的塑料盒子。
2. 在盒子里装满学生所熟悉的图片或物品。
3. 准备一个篮子。
4. 教师先描述一件东西的简单特征,要浅显易懂。让学生根据描述做出判断,把物品取来。
5. 教师说:"有一个东西圆圆的,这么大(配合做手势),一拍还会蹦起来,你给老师拿来吧。"
6. 让学生打开盒子,说出里边这个物品的名字。
7. 如果学生说对了,允许他(她)把这个物品放进篮子里。
8. 获得最多物品的学生就是获胜者。

5.08 听指令做反应,介绍5个、10个、20个熟悉的物件,并描述

活动主题:表达练习

能力要求:视力、语言

兴趣水平:学前、小学

材料:动物图片、纸板、胶水

1. 准备一些熟悉的东西,包括玩具、动物、衣服和人体部位图片等。
2. 老师模仿一种动物,让学生猜测老师模仿的是哪一种动物。例如:像奶牛那样哞哞叫,像狗那样汪汪叫。
3. 放录音"小鸟的叫声",小鸟怎么叫,小鸟怎么飞,学生模仿。
4. 教师出示图片或玩具,让学生做相应的脸部动作。
5. 做只小猪——翘起嘴巴。做只狐狸——捏下鼻子。做只调皮的小猴子——挠痒痒。
6. 教师出示图片或玩具,让学生做手指动作。变把手枪"嗒嗒嗒"。变个相机"咔嚓,咔嚓"。变把小榔头,修修小椅子,"叮咚,叮咚"。
7. 教师出示图片或玩具,让学生做身体动作。做只母鸡,拍拍翅膀,下个蛋。做只青蛙,呱呱叫,去抓花蝴蝶。打鼓,敲锣,吹喇叭,放鞭炮。

■ 5.09 说简单句子，介绍自己

活动主题：表达练习——是谁躲起来了
能力要求：语言、动手能力
兴趣水平：学前、小学

1. 叫两个学生上前，各自做自我介绍："我叫×××。"
2. 讲完后，请全体学生闭上眼睛。
3. 请前面的一位学生藏起来。
4. 接着叫大家睁开眼睛。老师问："是谁躲起来了?"
5. 请一个学生来回答。然后再请躲起来的学生出来给大家看。
6. 猜对后，全体学生再说一遍："是×××躲起来了。"
7. 继续游戏，学生轮流上来介绍自己。

■ 5.10 正确表达"我""我的"

活动主题：表达练习
能力要求：走动、视力、语言
兴趣水平：学前、小学

1. 在活动之前，先让学生熟悉身体的各个部位。
2. 让学生指出彼此的身体部位。
3. 让那些被指着的学生用适当的短语来回应，如："我的""我的脚""这是我的脚"或"你指着我的脚"。
4. 教师还可以让学生指出衣服或颜色。

■ 5.11 使用形容词（如：好的、大的）

活动主题：表达练习——找到反义词
能力要求：视力、语言
兴趣水平：学前、小学、中学
材料：糖、苦药（煮柚子皮的汤）、木块、海绵、棉花、沙子、图片

1. 让学生在黑板前将椅子摆成半圆形并坐下来。

2. 告诉学生教师想要画两个物体,如:大皮球,小皮球。
3. 教师让学生站到前面,当说"大的",学生就站到大皮球图片一边;当说"小的",学生就站到小皮球图片一边。
4. 告诉学生这样的反义词游戏还可以倒过来玩。
5. 让学生尝糖和苦药(煮柚子皮的汤)的味道,捏木块和海绵的硬度,拎棉花和沙子的重量,试着说出甜和苦、软和硬、轻和重几对反义词。
6. 第二次尝试。出示图片,引导学生观察并尝试说出相反的词,图片上有什么?它们有什么不一样?(冷——热,厚——薄,方——圆,粗——细,高——矮,上——下,胖——瘦,黑——白,哭——笑)。
7. 游戏,尝试加深印象。
8. 教师说出一个词,请学生说出它的反义词。如果教师边说边做出相应的动作,请学生不仅说出正确的反义词,而且也要配上相应的动作。
9. 教师先演示一遍大和小的动作,再引导学生通过个别回答和集体回答的方式巩固掌握所学反义词。
10. 教师说一些新的词语,请学生试着说出它们的反义词。(如:好——坏,前——后,里——外,远——近,多——少,香——臭)
11. 引导幼儿通过平时的观察,尝试说出新的反义词。教师:请小朋友想一想,试一试,说出老师没有说过的一些反义词。
12. 游戏"找朋友"。全班学生手拿图片围成圆圈,在音乐声中边跳边唱边找与自己手拿图片意思相反的小朋友做好朋友。

5.12 使用前边带有数量词、指示代词的名词(如:一包烟、这只狗)

活动主题:表达练习
能力要求:视力、语言、动手能力
兴趣水平:学前、小学、中学
材料:牛奶盒、纸、图片、胶带、卡片

1. 把装有 1 L 大的牛奶盒的盒盖剪下来。
2. 在距离底部 5 cm 的一侧剪出一个狭槽。
3. 准备一张比牛奶盒稍窄,但长度和牛奶盒高度相等的图画纸。用不透明胶带把图画纸的一端粘在牛奶盒顶端的前沿,另一端从盒子内部粘在狭槽的

上沿。图画纸在牛奶盒里像气球般鼓起,并且为卡片充当滑梯。

4. 把第二张图画纸粘在牛奶盒顶端的后沿,另一端从盒子内部粘在狭槽的下沿(如图5-1)。

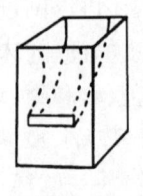

图 5-1

5. 装饰盒子的外面。
6. 剪一些约 8 cm×3 cm 的纸板,并且在这些纸板上贴各种物品的图片。
7. 让卡片从牛奶盒的顶端滑下来,并让学生在狭槽口接住它。
8. 教给学生正确的表达方式,如:一只狗、一个孩子或这只猫。
9. 建立起回答的方式,以便让数量词、指示代词始终在名词前边。
10. 间或让学生回答问题,看他是否能在无需用模式提醒的情况下正确使用数量词和代词。

5.13 练习代词

活动主题:表达练习——**拿拿,放放**

能力要求:视力、听力、语言

兴趣水平:学前、小学

材料:10 个属于学生的物件、10 个属于别人的类似的物件

1. 找 10 个属于学生的物件。
2. 老师再找 10 个相似的物件进行配对。
3. 要求这些物件有一些明显的不同,如:牙刷只有颜色不同。
4. 教师将玩具从"百宝箱"中一一取出,边取边说:"放放、拿拿,拿出我的牙刷(物件或玩具名称)。"
5. 随后将拿出来的玩具放回,边放边说:"拿拿、放放,放回我的牙刷。"
6. 学生模仿教师边拿边说,边放边说。
7. 教师念儿歌:"放放、拿拿,拿出你的小狗熊。"幼儿听清要求后,拿出相应的

玩具,并说:"放放、拿拿,拿出我的小狗熊。"

8. 老师继续念儿歌:"放放、拿拿,拿出我的小猫。"幼儿听清要求后,拿出老师相应的玩具,并说:"放放、拿拿,拿出你的小猫。"

9. 拿出几个后,再玩"放进去"。

■ **5.14　理解能够表示数量的词**

活动主题:表达练习
能力要求:视力、听力、语言
兴趣水平:学前、小学
材料:纸板、剪刀、笔

1. 用纸板剪出 25 个小的红色瓢虫。
2. 制作不同颜色的花儿:红色、黄色、绿色、蓝色和橙色,每种颜色各 5 朵。
3. 把所有的花儿都放在桌子上。
4. 选一个学生,对他说:"给我几朵红色的花儿。"
5. 让学生收集几朵红色的花儿并重复这个短语。
6. 为学生示范。
7. 当学生掌握了这个短语之后,使用词"没有,很少,一些,很多,更多,所有"来增大难度。
8. 用瓢虫对回答正确的学生给予奖励。
9. 指出获得最多瓢虫的学生就是获胜者。

■ **5.15　使用前边带有形容词的名词(如:好狗、大汽车)**

活动主题:表达练习
能力要求:视力、语言、动手能力
兴趣水平:小学、中学、青少年
材料:板、蜡笔

1. 选择一个学生来做"漫画家"。
2. 发给"漫画家"纸和水彩笔或蜡笔。
3. 让其他学生为卡通人物编一个名字,如:胆小的明明。

4. 让"漫画家"面向学生,这样,学生就看不到画了什么。
5. 告诉"漫画家"把"胆小的明明"写在纸的上端,如果有不会写的字等需求,老师就给予帮助。
6. 让学生用形容词来描述"胆小的明明"长得什么样。
7. 告诉"漫画家"在其他学生描述卡通人物的时候,为这个卡通人物描画、涂色。如果一开始有困难,可以给他(她)描画一个轮廓。
8. 当所有的描述都进行完毕,把这张画展示给大家看。
9. 讨论"胆小的明明"画得如何。
10. 给其他愿意充当"漫画家"的学生提供机会。

■ **5.16 使用方位词**(如:里外、上下等)

活动主题:表达练习——捉迷藏
能力要求:视力、听力、语言
兴趣水平:学前、小学
材料:各种玩具小动物,情境创设:兔妈妈的家(房子、树、小桥、草地)

1. 把教室布置成兔妈妈的家。
2. 一个学生扮演兔妈妈。
3. 教师带领学生去兔妈妈家做客。
4. 教师说:"同学们,你们找找小动物在哪里?"
5. 学生找到后说:"我在××(替换成方位词)找到了××。"
6. 教师让学生藏起来,然后教师和兔妈妈找。
7. 兔妈妈说:"我一个也没有找到,你们能告诉我刚才你们藏在哪儿了吗?"
8. 学生说:"我藏在了……"
9. 继续玩捉迷藏,这次,一半学生藏,一半学生找。
10. 学生说:"我在××地方找到了谁或我藏在了××地方。"

■ **5.17 使用代词和名词**(如:这只狗、那辆汽车)

活动主题:表达练习
能力要求:视力、听力、语言

兴趣水平：学前、小学

材料：物件、桌子

1. 找到学生可以叫出名字的10个物件或图片，把一个物件放在学生课桌上。
2. 教师说："这是什么？"让学生回答："这是一个勺子。"或"这是勺子。"
3. 教师重复"这是什么？"或"这是一个勺子。"然后让学生重复教师的话。
4. 至少用5个其他物件或图片来教学生练习"这是一个……"，并说出物件的名字。当学生确实掌握了这个句子后，继续下一项练习。
5. 把物件放在距离学生几米远的讲台上。
6. 教师说："那是什么？"让学生回答："那是一只狗。"或"那是狗。"
7. 重复"那是什么？"或"那是一只狗。"然后让学生重复教师的话。
8. 强调代词"那个"。如果需要进一步提示，重复强调这个词。
9. 至少用5个其他物件来教学生练习"那是一个……"，并说出物件的名字。
10. 根据上述10个物件的位置进行适当的提问，如："那是什么？""这是什么？"
11. 把用"这"来指代的物件和用"那"来指代的物件互换位置并进行测验。
12. 教师还可以把中秋节的月饼糕点或国庆节装饰物藏在屋子里，学生每次找到一个物件时，就必须把这个物件和上一个被找到的物件做比较。

5.18 使用数量词

活动主题：表达练习

能力要求：视力、听力、语言、动手能力

兴趣水平：学前、小学

材料：图画纸、水彩笔、磁铁、纸夹、细绳、剪刀

1. 用图画纸剪出几条鱼。
2. 把纸夹夹在每条鱼的鱼嘴上。
3. 在每条鱼身上画不同物品（如：一只杯子、一支笔、两本书、三头牛、一条鱼、两匹马等）。
4. 制作一个用来写词的图表。
5. 把磁铁拴在细绳的一端来制作钓鱼线。
6. 把所有的鱼放进一个大盆里。

7. 让学生把拴有磁铁的细绳垂到盆中来钓有字词的"鱼"。
8. 让学生读一读钓上来的物品名称或者跟着老师重复说相关的字词,并且用这些字词造一个完整的句子或短语。
9. 在图表上记录下学生读对的和用对的词。
10. 教师还可以根据学生情况,做出不同类型的对话练习。
11. 指出在图表上记录下最多词语的学生就是获胜者。

■ 5.19 使用动宾结构的短语

活动主题:表达练习——看动作说词语
能力要求: 视力、听力、语言、动手能力
兴趣水平: 学前
材料: 玩具、盒子

1. 教师做一个"抱"的动作。
2. 学生说出相应的动词,并做连词应答。"抱——抱娃娃。"
3. 教师接着说:"抱——抱西瓜。"
4. 学生再接着说:"抱——抱被子。"
5. 词组说得越多越好。
6. 教师还可以让学生来做小老师,做动作,然后相互比赛接龙,看谁说得多。

■ 5.20 使用名词和动词搭配,学说简单句

活动主题: 表达练习
能力要求: 语言、动手能力
兴趣水平: 学前、小学
材料: 小动物转盘(狗、猫、兔子、熊猫、小羊),肉骨头、小鱼、萝卜、草、竹子的图片

1. 准备一个小动物转盘,转盘上有小动物狗、猫、兔子、熊猫、小羊等。
2. 教师与学生一起玩转转盘,教师念儿歌:"转转盘,转转盘,拨一拨,转一转,小朋友们认真看,小动物们要吃饭。"
3. 转盘停止后,幼儿说出小动物的名称,说出小动物喜欢吃的食物,并将手中

的食物图片送给小动物,说:"小花猫爱吃鱼。"

4. 反复玩,直到将图片送完为止。

5.21 使用动词

活动主题:表达练习
能力要求:视力、听力、语言、动手能力
兴趣水平:学前、小学
材料:马戏团动物玩具、卡片

1. 画出简单的马戏表演者。
2. 在图片的反面写上简单的由动词和介词组成的指令,如:倒下。
3. 用干净的卡片纸盖住这些图片。
4. 告诉学生马戏在这里。
5. 一次举起一张图片。
6. 让学生听教师的指令并按照指令去做,如:让老虎倒下。
7. 让学生听从指令,然后问他发生了什么事。
8. 如果学生正确使用了动词,允许他留着这张图片。
9. 继续下去,直到每个人都有机会参与。

5.22 用多个词语,说完整的话

活动主题:表达练习——介绍相册
能力要求:视力、语言、动手能力
兴趣水平:小学
材料:相册

1. 教师让学生带好自己的相册,也可以准备好班级相册。
2. 请一位学生上来介绍自己的照片。
3. 其他学生当客人,提问"这是谁""那是谁""在干什么"等。
4. 介绍的学生用完整的句子回答:"我在儿童乐园玩旋转木马。"
5. 介绍的学生可以把相片给客人看,然后让客人猜一猜:"这是谁,在干什么?"
6. 客人说对了,教师给予奖励。

7. 客人说错了,就让介绍相册的学生说清楚。

5.23 用两个词语组成固定短语

活动主题:表达练习

能力要求:视力、语言、动手能力

兴趣水平:小学

材料:布袋木偶

1. 准备两个布袋木偶。
2. 把布袋木偶用于角色扮演和故事情境中。
3. 让学生观察并听故事。
4. 讲述并表演一些要求学生做出回应的故事,如:"不要哭"或"当心汽车!"
5. 让学生在故事中适时说出常见的固定短语。
6. 教师还可以用图片来代替布袋木偶。

5.24 正确使用代词"你、我、他(她)、你的、我的、他的(她的)"

活动主题:表达练习

能力要求:视力、语言

兴趣水平:学前、小学、中学

材料:照片、照相机

1. 让学生把他们自己的照片从家里带过来。如果有的学生家里没有照片,就使用学校里多余的照片。
2. 让学生把椅子摆成半圆形,然后就座。
3. 告诉学生老师将要给他们看一些同班同学的照片,如果他们知道照片里的人是谁就举手。
4. 给学生看照片。
5. 问"他(她)是谁?"或"他(她)叫什么名字?"或"这是你吗?""这是谁的照片?"
6. 选择举手的学生回答问题,告诉他必须使用完整的句子。
7. 告诉学生如果他(她)使用了正确的代词,就可以保留这些照片,他(她)还可以选择下一个学生来看照片。

第五章　语言发展

8. 继续下去,直到所有的照片都用完。
9. 玩游戏"你我他"。
10. 把学生分成5组,每组派出一个代表,五个人围成一个圈,开头的人先问,后面的人答,第三个人以问的形式车轮式进行,输的人淘汰,同组其他人补上,最后没人补的那组输。
11. 一问一答的形式,问题不限字数,回答限制3个字。比如开头第一个人问:"苹果",第二个人就说"你吃的";第三个人又问:"香蕉",第四个人就要回答"我买的",第五问:"汉堡",下面的人就要答"他做的";然后问:"电脑"。答:"你买的",以此类推。根据学生的能力,还可以改变游戏规则,提问和回答的人都不许说"你、我、他,你们、我们、他们"。

5.25　用代词、数量词、形容词和名词组合成由3个词语组成的短语或句子

活动主题:表达练习
能力要求:视力、听力、语言、动手能力
兴趣水平:学前、小学、中学
材料:用于游戏的人物和物品的图片

1. 做连词成句的游戏。
2. 教师拿出一组人物活动图片。
3. 让学生先选择两张图片,其中一张是人物,一张是物品。
4. 学生把人与物品配对,贴到黑板上。
5. 学生把贴好的2～3张图片,用一句话连起来,说一下,如"爷爷,西瓜""爷爷在田里种了许多西瓜""小明的爷爷把西瓜摘下来了""爷爷把田里的一个西瓜送给我吃",等等。
6. 如果说对了,就让下一个学生选择图片,再连起来说一说;如果说错了,让其他学生帮助他(她),让他(她)再选图片,进行练习。

5.26　用表示人物、地点、事件的词语说句子

活动主题:表达练习
能力要求:视力、听力、语言、动手能力

兴趣水平：学前、小学、中学

材料：准备三组图片，一组是地点，一组是人物，一组是事件

1. 把准备好的三组图片分别放在三个盒子里，盒子一面写好人物、地点、事件。
2. 教师示范，从写有"人物"的盒子里，抽一张图片，再从写有"地点"的盒子里抽一张图片，最后从写有"事件"的盒子里抽一张图片。
3. 把三张图片贴在黑板上，然后连起来说一句话。如：老师在家里洗碗……
4. 学生练习，按照刚才教师的步骤，把图片抽出，再连起来说一句话。

■ 5.27 用"我有……""你有……"句式把话说完整

活动主题：表达练习——你有什么

能力要求：视力、听力、语言、动手能力

兴趣水平：学前、小学

材料：玩具若干

1. 教师把玩具或实物分成两份。
2. 教师和学生各持一份。
3. 教师先拿出一件玩具问幼儿："我有一个娃娃，你有什么？"
4. 孩子拿出自己的一件玩具说："我有一辆汽车。"
5. 有时教师问孩子，孩子也可不拿出玩具，并说："你有玩具，我没有玩具。"

■ 5.28 使用动词：拍、吹、抱……说完整句

活动主题：表达练习——奇妙的口袋

能力要求：视力、听力、语言

兴趣水平：学前、小学、中学

材料：神秘袋一只

1. 教师拿出口袋念儿歌："奇妙的口袋东西多，让我先来摸一摸。摸一摸，摸出看看是什么？"
2. 教师摸出皮球，问："这是什么？"学生回答："这是皮球。"
3. 教师再拍皮球问："老师在做什么？"
4. 学生回答："老师在拍皮球。"

5. 教师念儿歌:"奇妙的口袋东西多,小朋友都来摸一摸。"
6. 当学生摸出玩具后,要求学生说出玩具名称以及玩法。
7. 目标:能正确运用抱、开、摇、吹等动词,学说完整的短句。

■ 5.29 用表示人物、时间、地点、事件的词语说句子

活动主题:表达练习

能力要求:视力、听力、语言、动手能力

兴趣水平:学前、小学、中学

材料:准备四组图片,一组是人物,一组是时间,一组是地点,一组是事件

1. 把准备好的四组图片分别放在四个盒子里,盒子一面写好人物、时间、地点、事件。
2. 教师示范,从写有"人物"的盒子里,抽一张图片,再从写有"时间"的盒子里抽一张图片,然后从写有"地点"的盒子里,抽一张图片,最后从写有"事件"的盒子里抽一张图片。
3. 把四张图片贴在黑板上,然后连起来说一句话。如:老师下午在家里洗碗……
4. 学生练习,按照刚才教师的步骤,把图片抽出,再连起来说一句话。

■ 5.30 用关键词"是"来构建核心句

活动主题:表达练习

能力要求:视力、语言、动手能力

兴趣水平:学前、小学

材料:纸板、图片、广告纸板

1. 在广告纸板上剪出直径约为 8 cm 的圆。
2. 把小型的物体图片贴在准备好的圆上。
3. 用广告纸板制作"饼干罐",或者准备真正的饼干罐。
4. 把广告纸板做成的饼干图片放进罐子里。
5. 让学生把手伸进去,拿出一个饼干图片,并且用下面的句型说出图片的名字:"这是一块硬饼干。"

6. 继续下去,直到学生能记住用判断动词"是"来正确陈述图片内容。
7. 用真正的饼干来奖励学生所做出的努力。
8. 教师还可以剪出圣诞树、南瓜或甘蔗饼干,并让学生说出他选择了哪一种物品。

5.31 用名词短语和动词短语来构建核心句

活动主题:表达练习
能力要求:视力、语言、动手能力
兴趣水平:学前、小学
材料:纸板、图片、广告纸板

1. 在一部分纸条上写出名词短语,在另一部分纸条上写出动词短语。
2. 把这两部分纸条展示给学生。
3. 把写有名词短语和动词短语的纸条发给学生。
4. 让一个拿到名词短语的学生展示他的纸条。
5. 询问是否有另一个学生的动词短语可以和所展示的这个名词短语搭配并组成一个句子。
6. 让学生读一读配对的短语。
7. 继续下去,直到所有的名词和动词短语纸条都匹配好。
8. 让学生自己写出名词和动词短语纸条并把它们进行匹配,以此进行拓展。

5.32 用"是"或"有"来提问

活动主题:表达练习
能力要求:听力、语言
兴趣水平:学前、小学
材料:盒子、物件或图片

1. 把属于某个具体类别的物件或图片放进盒子里。
2. 告诉学生盒子里的东西所属的类别。
3. 让学生通过问"盒子里有……吗"来猜测盒子里的东西。
4. 让猜对的学生拿着那个物件一直到游戏结束。

5. 继续下去，直到所有的物件都被发现。

6. 把这些物件放回盒子并重新开始游戏，以此来作为记忆练习。

5.33　用特殊疑问词来提问

活动主题：表达练习

能力要求：视力、听力、语言

兴趣水平：学前、小学

材料：纸板、标签、水彩笔、胶带

1. 用标签和纸板制作 6 个长口袋。
2. 在每个口袋的开头处分别写出疑问词"什么、谁、什么时间、什么地方、为什么、怎么样"，以便让每个口袋都有一个不同的标题。
3. 准备一些用来回答问题的纸条放进每个口袋里，如：用"这只狗在院子里"来回答"什么地方"；或者用"这只狗正在吃一根骨头"来回答"什么"。
4. 把这些纸条打乱顺序并且正面朝下放在桌子上。
5. 让学生来挑选纸条。
6. 把句子读给学生。如果他自己能读，就让他自己读。
7. 询问学生这个句子是否回答了"什么、谁、什么时间、什么地方、为什么"或"怎么样"。
8. 告诉学生如果他回答正确，他可以把纸条放进口袋里。
9. 如果学生回答错误，告诉他正确答案，让他坐下，稍后再选择他。
10. 在学生熟练后，还可以进行"和谁什么时候在什么地方干什么"游戏，教师拿出一些小纸条发给学生们，让一组学生写人物，一组学生写时间，一组学生写地点，一组学生写事情，最后放在四个纸盒里，每个纸盒上写好类别，让学生每个盒子里抽一张，合起来读一下。

5.34　在句子中运用否定词

活动主题：表达练习

能力要求：视力、听力、语言

兴趣水平：学前、小学

材料:纸板、图片、水彩笔

1. 用彩色纸板制作物体或人的图片卡。
2. 每次展示一张图片。
3. 询问一些必须用"不"来回答的问题,如:这个苹果是绿的吗?
4. 让学生回答"不。这个苹果不是绿的。"
5. 如果学生有困难,重复上述练习。
6. 继续用其他图片卡提问一些必须用"不"来回答的问题。

5.35 在句子中使用连词

活动主题:表达练习

能力要求:听力、语言、动手能力

兴趣水平:学前、小学、中学

材料:不同颜色的纱线

1. 把不同颜色和长度的纱线系在一起。
2. 把它们绕成一个球。
3. 让学生围坐成一圈,教师的手里拿着这个球。
4. 开始讲故事,一边讲故事一边把球展开。
5. 当老师把球展开到第一缕纱线终点的时候,把线传给右边的学生,让他绕。
6. 让学生一边继续讲故事一边传球。
7. 要求每个学生用连词(于是,然后,接着,后来,但是,)开始讲述他或她的那部分故事,以便保持连贯性。

5.36 在句子中使用动词"想"

活动主题:表达练习

能力要求:视力、听力、语言

兴趣水平:学前、小学、中学

材料:小玩具、袋子、食物或食物图片

1. 让学生看着教师把他所喜欢的几个小玩具装进袋子里。
2. 问学生:"你想看哪一个玩具?"让学生回答:"我想看拼图。"

3. 重复"你想看哪一个玩具?"强调"想"。
4. 如果学生没有做出正确回应,说:"我想看拼图。"强调"看"。
5. 把句子中的"看"改为"吃",并且展示学生喜欢的几种食物。
6. 问:"你想吃哪一种食物?"让学生回答:"我想吃土豆片。"
7. 根据需要提供进一步的提示。

5.37　练习用"把"字句表达

活动主题: 表达练习
能力要求: 视力、语言
兴趣水平: 学前、小学、中学
材料: 图片、玩具、水果

1. 教师准备好一些玩具或水果和学生互动。
2. 教师拿出一个苹果,放到学生桌上。
3. 让学生说说,看到了什么。
4. 教师和学生对话说:"我在小明桌上放了一个苹果。"学生说:"老师把一个苹果放在我桌上。"
5. 教师继续拿出水果或玩具,放在学生桌上。
6. 学生把看到的,用"把"字句说出来。

5.38　练习用"被"字句表达

活动主题: 表达练习
能力要求: 走动、视力、听力、语言
兴趣水平: 学前、小学、中学
材料: 图片、玩具、水果

1. 教师拿出一些玩具或水果和学生互动。
2. 教师拿出一个小熊玩具,放到学生桌上。
3. 让学生说说,看到了什么。
4. 教师和同学对话说:"我在小明桌上放了一只小熊。"学生说:"一只小熊被老师放在我的桌上。"

5. 教师继续拿出水果或玩具,放在学生桌上。

6. 学生把看到的,用"被"字句说出来。

5.39 用"先……再……"描述发生的事情

活动主题:表达练习

能力要求:视力、语言、动手能力

兴趣水平:学前、小学、中学

材料:绘本、饼干

1. 教师让学生洗手,告诉他们洗完后吃点心。
2. 教师检查学生是否洗干净。
3. 给每个学生发有小包装袋的小饼干。
4. 教师给先吃完的学生一本绘本。
5. 学生吃完,说一说,刚才做的事情。
6. 用"先……再……"连起来把两件事按先后顺序说。
7. 让学生翻开绘本,看看前后两页画了什么,用"先……再……"说一说。

5.40 用"先……再……然后……"描述发生的事情

活动主题:表达练习

能力要求:视力、语言、动手能力

兴趣水平:学前、小学、中学

材料:绘本、饼干

1. 教师让学生洗手,告诉他们洗完后吃点心。
2. 教师检查学生是否洗干净。
3. 给每个学生发有小包装袋的小饼干。
4. 教师给先吃完的学生一本绘本。
5. 学生吃完,说一说,刚才做的事情。
6. 用"先……再……然后……"连起来把两件事按先后顺序说。
7. 让学生翻开绘本,看看前后两三页画了什么,用"先……再……然后"说一说。

5.41 用"先……再……然后……最后"描述发生的事情

活动主题：表达练习

能力要求：视力、语言、动手能力

兴趣水平：学前、小学、中学

材料：绘本、饼干

1. 教师让学生洗手,告诉他们洗完后吃点心。
2. 教师检查学生是否洗干净。
3. 给每个学生发有小包装袋的小饼干。
4. 教师给先吃完的学生一本绘本。
5. 学生吃完,说一说,刚才做的事情。
6. 用"先……再……然后……最后"连起来把几件事按先后顺序说。
7. 让学生翻开绘本,看看绘本画了什么,用"先……再……然后……最后"说一说。

5.42 练习并列关系的复句

活动主题：表达练习

能力要求：视力、听力、动手能力

兴趣水平：小学、中学、青少年

材料：一大张纸、蜡笔或水彩笔

1. 在黑板上分两栏写出混在一起的复句的组成部分。
2. 例如：在第一栏中写"猫在跑""我爱妈妈"……，在第二栏中写"狗在叫""我爱爸爸"……
3. 告诉学生他们将要在黑板上连线,把这两栏中的分句连成一个句子。
4. 老师提供关联词"不但……还……，不仅……也……"等,让学生把分句连起来并读出完整的句子。（如：我不但看见猫在跑,还听见了狗在叫。我不仅爱妈妈,也爱爸爸。）
5. 让学生提供可以组成一个复句的两个分句。

5.43 练习假设关系的复句

活动主题：表达练习

能力要求:视力、听力、动手能力

兴趣水平:小学、中学、青少年

材料:一大张纸、蜡笔或水彩笔

1. 在黑板上分两栏写出混在一起的复句的组成部分。
2. 例如:在第一栏中写"闻到鱼的味道""明天是国庆节""我爱看书""没有放冰箱里"……,在第二栏中写"猫跑过来""爸爸买很多书""水果烂了""我们不上学"……
3. 根据学生的情况,可以增加难度,打乱顺序。告诉学生他们将要在黑板上连线,把这两栏中的分句连成一个句子。
4. 在第一栏前面写"如果",第二栏前面写"就",让学生把分句连起来并读出完整的句子。
5. 提高难度,教师说前半句,"如果……",学生接后半句"就……",也可以让学生说假设。

5.44 练习因果关系的复句

活动主题:表达练习

能力要求:视力、听力、动手能力

兴趣水平:小学、中学、青少年

材料:一大张纸、蜡笔或水彩笔

1. 在黑板上分两栏写出混在一起的复句的组成部分。
2. 例如:在第一栏中写"闻到鱼的味道""明天是国庆节""我爱看书""没有放冰箱里"……,在第二栏中写"猫跑过来了""爸爸买了很多书""水果烂了""我们不上学"……
3. 根据学生的情况,可以增加难度,打乱顺序。告诉学生他们将要在黑板上连线,把这两栏中的分句连成一个句子。
4. 在第一栏前面写"因为",第二栏前面写"所以",让学生把分句连起来并读出完整的句子。
5. 提高难度,教师说前半句"因为……",学生接后半句"所以……",也可以让学生说原因,教师说结果。

5.45 练习转折关系的复句

活动主题:表达练习

能力要求:视力、听力、动手能力

兴趣水平:小学、中学、青少年

材料:一大张纸、蜡笔或水彩笔

1. 在黑板上分两栏写出混在一起的复句的组成部分。
2. 例如:在第一栏中写"闻到鱼的味道""明天是国庆节""我爱看书""没有放冰箱里"……,在第二栏中写"猫没跑过来""爸爸没买很多书""水果没烂""我们上学"……
3. 根据学生的情况,可以增加难度,打乱顺序。告诉学生他们将要在黑板上连线,把这两栏中的分句连成一个句子。
4. 在第一栏前面写"虽然",第二栏前面写"但是",让学生把分句连起来并读出完整的句子。
5. 提高难度,教师说前半句"虽然……",学生接后半句"但是……"

5.46 按照逻辑顺序描述过去和将来的事情

活动主题:表达练习

能力要求:视力、听力、动手能力

兴趣水平:小学、中学、青少年

材料:一大张纸、蜡笔或水彩笔

1. 把一大张纸折叠成 4 个相等的部分。
2. 把下列指令读给学生。
3. 第一部分:画出学生可以做到的并且为之自豪的事情。
4. 第二部分:画一件学生现在可以做到,但去年的这个时候他还做不到的事。
5. 第三部分:画一件学生愿意做并且他觉得到明年的这个时候他将会做到的事情。
6. 第四部分:画一件学生在将来某一天真正想做的事情。
7. 告诉学生不要把他们的名字写在纸上。
8. 引导学生开始讨论这些图片,并且试着确定哪张图片属于哪个学生。

9. 你还可以告诉学生把他们的名字写在纸上。
10. 允许每个学生描述他自己的图片。

5.47 尝试使用多重复句

活动主题：表达练习

能力要求：视力、听力、动手能力

兴趣水平：小学、中学、青少年

材料：一大张纸、蜡笔或水彩笔

1. 在几个信封里装满 8～10 个物件，如：小玩具、美工刀、硬币、纽扣或张贴物。
2. 每个信封都可以装不同的物件。
3. 把信封发给几个学生。
4. 让一个学生打开他(她)的信封。
5. 让他(她)用完整的句子讲故事，故事中要用到他(她)的信封中的一个物件。
6. 继续让所有的学生操练。
7. 用手机录下他们的故事，并在每个学生都讲完故事后开始听录音。

第六章　倾　听

参加口头交流并做出反应

行为标识

很少看着讲话的人
老师跟学生讲话时,学生不看着老师
不保持目光接触
不遵从老师的指挥或教导
不能正确回答问题或者根本不回答问题

■ 6.01 朝着说话者的方向看

活动主题：倾听练习
能力要求：走动、视力、听力
兴趣水平：学前、小学
材料：铃、拨浪鼓等。

1. 准备几个声音发声器，如：铃、拨浪鼓等。
2. 把学生带到一个安静的地方。
3. 使用一个乐器，并说出他所发出的声音，如："铃儿叮铃铃，拨浪鼓嘎啦嘎啦。"
4. 观察学生是否在你说话的时候看着你。
5. 进行眼神接触，根据需要辅助学生头朝向老师。
6. 逐步减少乐器使用，最后不用，并使用"躲躲猫"或"拍蛋糕"等游戏。
7. 通过使用一个中心词或描述性词语来提高技能。

■ 6.02 直接看着说话者

活动主题：倾听练习
能力要求：走动、视力、听力
兴趣水平：学前、小学
材料：大型纸板、涂料（安全的、临时性的）、剪刀、音乐盒或铃

1. 制作一个大型的模拟电视；纸板上挖一个方形大洞，以便让它看起来更像一个屏幕，把它挂起来。
2. 把屏幕挂得足够低，以便让教师可以坐在后面，让学生可以看到。
3. 用铃或者音乐盒发出信号，表示"电视"节目要开始了。让学生坐在它周围的地板上。
4. 借助玩偶、助手或几个学生让开场看起来有趣些。
5. 对于看着"电视"里说话者的所有学生都给予食物奖励。
6. 把上述办法用于讲故事、听从指令、分享、展示和讲述等。
7. 教师还可以用大型的冰箱包装盒剪出屏幕并在边框上涂色。

6.03 看着说话者的脸

活动主题:倾听练习

能力要求:视力、听力

兴趣水平:学前、小学

材料:声音发声器、挤压发声玩具

1. 收集几个有趣的声音发声器和挤压发声玩具。
2. 面向学生坐着。
3. 把玩具举到教师的脸旁。
4. 叫出一个学生的名字,说"看着我",并且挤压玩具发出声响。
5. 如果学生没有看,把玩具拿到靠近学生视野的地方,并且发出声响。
6. 当学生能持久做出反应的时候,把玩具靠近教师的脸。
7. 逐步减少对玩具的使用,让学生能按照语言指令看着教师的脸。

6.04 看着说话者的嘴

活动主题:倾听练习

能力要求:视力、听力

兴趣水平:学前、小学、中学

材料:图片

1. 收集有趣的图片来吸引学生的注意。
2. 教师提示学生:"看着我。"
3. 把图片举到教师的嘴巴旁边,以便让学生的眼睛追随图片到这个高度。
4. 如果学生没有看,把图片拿到靠近学生视野的地方,轻敲一下图片并且说:"看。"
5. 当学生能持久做出反应的时候,把图片靠近教师的脸。
6. 当学生能按照指令做出回应的时候,逐步取消对图片的使用。

6.05 在讲话过程中,始终看着说话者

活动主题:倾听练习

能力要求：视力、听力

兴趣水平：学前、小学

材料：安全或适合学生的食物、玩具

1. 选择学生喜欢的食物或玩具。
2. 把选好的物件放在教师的嘴巴附近，说："看。"
3. 当学生看着老师的时候，通过评价学生的外表或行为，说一些简短的鼓励的话，如：我喜欢你的新裙子。
4. 如果学生走神了，教师缩短谈话，或者在教师谈话的时候轻轻地抬起学生的头，从而确保他看着老师。
5. 如果学生一直在看着教师，在老师说完话之后就把一个物件奖励给他。
6. 增大难度：增加短语的长度或改变短语，但仍然使用同一个物件作为奖励。
7. 继续增加步骤，直到学生乐意保持目光接触。

■ 6.06 在别人对着自己讲话或者自己讲话的时候，和对方保持目光接触

活动主题：倾听练习

能力要求：视力、听力

兴趣水平：学前、小学、中学

材料：秒表、钟

1. 把一个秒表放在教师的手里，把一个钟放在桌子上。
2. 告诉学生，当老师对学生讲话的时候，他（她）必须看着老师的眼睛。
3. 开始的时候让学生看 5 秒钟，如果他做到，他就可以敲钟。
4. 每当学生成功地注视老师的眼睛时，就增加 5 秒钟的时间。
5. 如果学生在新设定的时间段失败了（不止一次），允许他恢复到前面成功的时间段。
6. 教师还可以把学生喜欢的拼图放在桌子上，每当他（她）保持目光接触的时间超过上一次的时候都允许他拼一片拼图。

■ 6.07 对谈话中的问题能做出回答

活动主题：倾听练习

能力要求：听力、语言

兴趣水平：学前、小学

1. 编一套让学生保持兴趣的问题,如:

    "你叫什么名字?"

    "你喜欢玩什么?"

    "你喜欢吃什么?"

    "你的兄弟姐妹叫什么名字?"

    "爸爸妈妈在哪里?"

2. 靠近学生坐着。
3. 接受学生的回答,不管答案是否得当。
4. 示范你想要的回应。
5. 当学生不再谈话的时候,停止交谈,稍后再重复。

■ 6.08 对谈话中的问题做出适当的回答

活动主题：倾听练习

能力要求：听力、语言

兴趣水平：学前、小学

1. 向学生提问,如"你在做什么?"
2. 等待学生回应。
3. 当机会出现时,引入对问题的新的回应。例如:当学生受伤时,问"你今天怎么样?"
4. 等待学生回应。
5. 如果学生做出了不适当的回应,说:"对我说疼痛。"
6. 一次只引入 1~2 种新的回应。
7. 尽快地让新的回应不同于旧的回应。如:"你在做什么? 玩耍。"和"你在做什么? 休息。"
8. 如果学生不用语言,使用手势语。

■ 6.09 按口头布置的任务采取行动

活动主题：倾听练习

能力要求：走动、听力、语言

兴趣水平：学前、小学、中学

材料：标签、剪刀、水彩笔、纸、铅笔

1. 用彩色标签剪出 9 个直径约为 12 cm 的圆。
2. 把数字 1~9 分别写在这些圆上，每个圆上的数字都不重复。
3. 用胶带纸在地板上分别从横向和纵向圈出 3 个数字。
4. 准备纸和铅笔。
5. 选择学生站在圆的旁边。
6. 把学生的名字写在纸上。
7. 告诉学生仔细听老师的指令。
8. 告诉学生老师将要让他移动到一个数字上，如果他做得对，他就会获得那个圆上的分数。
9. 向学生发出指令。
10. 如果学生移动得正确，在学生所移动到的圆上写下数字。
11. 继续下去，直到这个学生出错才轮到下一个学生。
12. 向学生发出两个指令，以便增大难度。
13. 数一数学生的分数。
14. 指出得分最多的学生就是获胜者。
15. 如果学生不会读数字，教师还可以在每个圆上分别画出不同的物件。

6.10 服从指令

活动主题：倾听练习

能力要求：走动、视力、听力

兴趣水平：学前、小学

材料：约 12 cm×18 cm 卡片、蜡笔

1. 把一些 12 cm×18 cm 卡片，用不同颜色的×做标记。
2. 把卡片摆放在地板上。
3. 告诉学生老师将要播放音乐并大声说出不同颜色的×。
4. 告诉学生当教师说到某种颜色的×时，他就要踏上那种颜色。
5. 当学生踏上指定的颜色时，为他计分。

第六章 倾 听

6. 继续下去,直到学生踏上错误的颜色。
7. 记录这个学生的分数,然后换成下一个学生。
8. 继续下去,直到每个学生都有机会。
9. 在游戏结束时获得最多分数的学生就是获胜者。

■ **6.11 获取所需要的材料(超出必需的数量)**

活动主题:倾听练习
能力要求:走动、视力、听力、动手能力
兴趣水平:学前、小学
材料:杂志、2个盒子

1. 把涂色或画画所需要的材料放在红色盒子里。
2. 把剪辑图片和粘贴图片所需要的材料放在蓝色盒子里。
3. 把这两个盒子放在学生够得到的桌子上。
4. 告诉学生他可以涂色或画画,并且提醒:"拿一些你涂色所需要的材料,向红色盒子里看。"
5. 如果学生找到了正确的盒子并把适当的材料集中起来,对他给予表扬。
6. 让学生完成图画并进行展示。
7. 当学生能够成功地获取所需要的材料以后,逐步取消不同颜色的盒子,而是把所有的材料一起放在桌子上。

■ **6.12 按要求获取所需要的材料(仅限于必需的数量或类型)**

活动主题:倾听练习
能力要求:视力、听力、动手能力
兴趣水平:学前、小学
材料:食物、纸袋

1. 准备好购物袋、2袋薯片、1盒牛奶、1盒果汁和1盒饼干。
2. 告诉学生他们将要学习购物。
3. 把食物展示给学生,并且问:"这是什么?"
4. 把这些食物放在桌子上。

5. 告诉学生这是商店。

6. 把购物袋递给一个学生。

7. 告诉学生:"我想要1盒饼干、1袋薯片和1盒果汁。"

8. 表扬按要求拿好物品的学生。

9. 让学生把商店里的物品放回袋子。

10. 询问学生他买了什么。

11. 把购物袋递给另一个学生。

12. 继续下去,直到每个学生都有机会参与。

■ **6.13 按要求整理材料**

活动主题:配对游戏

能力要求:走动、视力、听力、动手能力

兴趣水平:中学

材料:广告纸板、记号笔、袋鼠和小袋鼠图案

1. 在广告纸板上画12只大的袋鼠妈妈和12只小袋鼠,把它们剪出来,并且用记号笔充实细节。

2. 在每一只袋鼠妈妈身上写一个词语,在小袋鼠身上写出它的反义词。

3. 在写着反义词的每一对袋鼠母子的反面标上数字。

4. 例如:里—外,上—下,来—去,是—否。

5. 在袋鼠妈妈身上小心地剪出育儿袋,以便让小袋鼠容易被容纳。

6. 让学生把袋鼠母子配对:读词语并把反义词放在一起。

7. 让学生在完成配对任务后把袋鼠翻过来核对是否正确。

■ **6.14 按要求区分集体和个体**

活动主题:倾听练习

能力要求:视力、动手能力

兴趣水平:小学

材料:纸板、图片、纸、作业纸

1. 在作业纸上准备一些图画,图画中有成群和单个的动物在活动。

2. 为每个学生准备一张作业纸。
3. 准备一系列句子来描述所画的每一个独处的动物,还有一系列句子来描述所画的每一群动物。
4. 告诉学生他们将要根据所听的内容把被描述的图画圈起来。
5. 教师开始描述,学生仔细听。
6. 让学生指着图画来确定听到的信息。
7. 教师还可以提供粘贴在纸板上的图画,这样动物独处与结队的情况会发生变化。

■ 6.15 回答基于口头材料的具体问题

活动主题:倾听练习
能力要求:走动、听力
兴趣水平:学前、小学、中学
材料:短篇故事、纸板、水彩笔

1. 选择短篇故事。
2. 在纸条上写出故事中的简单句子,这些句子可以回答类似"谁?""什么时候?""为什么?""什么地点?""什么事情?"的问题。例如:"小明走了出去。"可以回答"谁?";"昨天下雨了。"可以回答"什么时候?"。
3. 制作几个标签,每个标签上写一个问题。如:"谁?""什么时候?""什么地点?"或"什么事情?"。
4. 发给每个学生一个标签,让他们戴上。
5. 教师读故事。
6. 把写有句子的纸条举起来,并读给学生,如:"小明走了出去。"
7. 如果句子中提到了人,所佩戴的标签上写着"谁?"的学生就要站起来。
8. 如果学生做出了正确回应,让大家为他鼓掌。
9. 用不同的纸条继续练习。
10. 如果需要就示范正确的答案。

■ 6.16 回答朗读材料中的问题

活动主题:倾听练习

能力要求：视力、听力、语言

兴趣水平：小学、中学、青少年

材料：红色水彩笔、卡片

1. 在每张卡片上写一个句子,并在句子的关键词下面用红笔画线。
2. 让学生读句子,然后就画线部分提问。
3. 继续读写好句子的9张卡片。
4. 学生答对了卡上的一个问题,就让他(她)留着这张卡片。
5. 让学生在回答和关键词相关的问题之前读2个句子。
6. 增加学生所读句子的数量,更好地回答和关键词相关的问题。
7. 如果学生在10次中有9次能正确回答问题,停止在关键词下面画线。

■ 6.17　正确回答不到 1 分钟之前提出的问题

活动主题：倾听练习

能力要求：视力、语言

兴趣水平：学前、小学、中学

材料：短故事

1. 为学生读一篇结构清晰的短篇故事。
2. 在教师读故事的时候展示故事书里的图片。
3. 在讲故事的过程中问一些结构化的问题。这些问题强调名字、地点和活动。
4. 为每个回答正确的学生计分。
5. 指出得分最多的学生就是获胜者。
6. 让获胜者选择下一个故事。

■ 6.18　正确回答多于 1 分钟前提出的问题

活动主题：倾听练习

能力要求：听力、语言

兴趣水平：小学、中学、青少年

材料：计时器或秒表

1. 准备计时器或秒表。

2. 对学生说一个句子或一段话,然后提问一个和这个句子相关的简单问题。
3. 例如:"今天是星期二……今天是星期几?"
4. 延长句子和问题之间的时间间隔。
5. 直到学生在每个较短的时间间隔内能正确回答 5 个问题才延长时间间隔。
6. 继续使用不同的句子和问题。
7. 增大句子和问题的难度。

6.19 区分关于句子成分的信息

活动主题:倾听练习

能力要求:视力、听力、语言、动手能力

兴趣水平:小学、中学

材料:图画纸

1. 用不同颜色的图画纸剪出多个约 8 cm×8 cm 的正方形。
2. 根据学生的理解和听觉记忆水平准备一些句子。
3. 把彩色正方形标记为主语、谓语、宾语和其他组成成分。
4. 陈述句子,把与句子中每个不同成分词类对应的正方形纸放在学生前面的桌子上。
5. 当学生陈述句子时,让学生触摸对应的每个正方形。
6. 改换句子,让学生根据变化的句子辨识相应的正方形。
7. 变换不同的句子。
8. 让学生按照句子的变化选排正方形。
9. 给做对的学生强化奖励。

6.20 执行 2 个简单的、相关的、连续的命令,但这些命令没有顺序关系

活动主题:倾听练习

能力要求:听力、动手能力

兴趣水平:学前、小学、中学

材料:纸、剪子、铅笔、帽子等

1. 剪几张小纸条。

2. 在每张小纸条上写两则命令然后放进帽子里。
3. 告诉学生每个人都有机会从帽子里拿出小纸条。
4. 指名学生拿出小纸条。
5. 对着学生读小纸条上的指令。
6. 让学生按指令要求进行演示。
7. 如果学生执行了指令,就让他(她)选择另一名学生来做。
8. 如果学生做错了,就让学生坐下。
9. 继续下去,指导每个学生都有几轮练习。

■ 6.21 按指定的顺序执行2个简单的、相关的、连续的命令

活动主题:倾听练习

能力要求:视力、听力、步行能力

兴趣水平:学前、小学、中学

材料:摇铃

1. 以摇铃为中心,让学生围坐在地板上。
2. 给出两步指令,指名学生执行。
3. 例如,"单脚跳向摇铃,然后再用另一只脚调回来"。
4. 或者"走到摇铃那儿,再摇三次铃"。
5. 让熟悉指令的学生再给下一个学生发出指令。

■ 6.22 按指定的顺序执行2个简单的、不相关的、连续的命令。

活动主题:倾听练习

能力要求:走动、视力、听力、动手能力

兴趣水平:学前、小学、中学

材料:带有颜色的物品若干

1. 将学生分成两个比赛小组。
2. 告诉学生将进行搜寻指定颜色物品的比赛,小组成员必须通力合作,争取在另一组学生之前找到相应的物品。
3. 每组选出一个领跑员。

4. 告诉学生,当老师说出一种颜色时,他们必须找出相应颜色的物品,然后放在领跑员旁边的地板上。
5. 告诉领跑员,要按老师的指令来放置物品。例如,拾起东西,放到王明的课桌里。
6. 给完成任务的一组计分。
7. 通过轮换领跑员和颜色,继续进行比赛。
8. 指出计分最多的一组就是获胜组。

6.23 执行3个简单的、相关的、连续的命令,但这些命令没有顺序关系

活动主题:倾听练习

能力要求:视力、听力、言语和动手能力

兴趣水平:学前、小学

材料:硬纸板、家具玩具

1. 在一块大的硬纸板上画出一个房屋的平面图。
2. 用图形和文字标出每一个房间的名称。
3. 为每一个房间收集相应的玩具家具。
4. 指定一个学生,告诉他(她)说:先把床放到起居室,然后把餐桌放到餐厅,最后把炉子放到厨房。
5. 提问学生:"刚才你先做什么? 接着做了什么,第三次做了什么?"
6. 让学生口头回答。
7. 让其他学生纠正错误。
8. 继续下去,直到每一个学生都轮到一次,并放完所有的家具。

6.24 按指定顺序执行3个简单的、相关的、连续的命令

活动主题:倾听练习

能力要求:走动、视力、听力、动手能力

趣水平:学前、小学

材料:食物、玩具、图片等

1. 把玩具、食物藏在房屋的某处。

2. 告诉学生,如果听从老师的指令,他(她)将会发现惊喜。
3. 给出指令,如果你拿两本书放在书架上,拍拍手,就会有惊喜的发现(教师之前藏着的玩具或食品)。
4. 只有当学生按适当的顺序执行所有指令时,才能让学生发现惊喜收获。
5. 如果学生失败,可以让他再试一次。

■ 6.25 执行4个简单的、相关的、连续的命令,但这些命令没有顺序关系

活动主题:倾听练习

能力要求:走动、视力、听力、语言、动手能力

兴趣水平:小学

材料:食物图片

1. 选择各种熟食的图片。
2. 把图片粘贴在纸板上。
3. 把一个和这些图片相匹配的"菜单"呈现给学生。
4. 把一张远离学生视线的桌子指定为"厨房",把这些图片正面朝上放在桌子上。
5. 选择一个学生充当"男服务员"或"女服务员"。
6. 让另一个学生向"男服务员"或"女服务员"点4样菜。
7. 让"男服务员"或"女服务员"传达口头订单,如:小明想要一个汉堡、一杯牛奶、一袋炸薯条和一个苹果。
8. 让每个学生轮流充当"男服务员"或"女服务员"和"顾客"。
9. 教师还可以把"厨房"变成"杂货店",然后派学生去买4样具体的物品。

■ 6.26 按指定的顺序执行4个简单的、相关的、连续的命令

活动主题:倾听练习

能力要求:视力、听力、动手能力

兴趣水平:学前、小学、中学

材料:图片、筷子、勺子、纸盘子

1. 收集杂志上的食品图片或积攒食品包装盒。
2. 准备一个纸盘子、一双筷子、一个塑料勺子和一个餐巾纸

3. 把这些物件放在地板上,让学生围着它们席地而坐。
4. 告诉学生这些物件的名字。
5. 询问学生他们是否愿意去吃午饭。
6. 选一个学生并告诉他可以出去吃午饭。
7. 让学生拿起盘子、勺子和餐巾纸。
8. 让学生拿起"食物",如:"排骨""牛奶"和"橘子"。
9. 告诉学生他(她)可以留着"排骨",把"牛奶"送给朋友,把"桔子"拿给教师。
10. 告诉学生把这些图片还回去,并让他(她)选择下一个学生。
11. 如果学生出了错,慢一点重复指令并让他再试一遍。
12. 继续下去,直到所有的学生都有机会参与。

6.27 执行3～4个简单的、不相关的、连续的命令,但这些命令没有顺序关系

活动主题:倾听练习

能力要求:走动、听力、动手能力

兴趣水平:学前、小学、中学

1. 向学生发布命令:"站起来,触摸镜子并拍拍手。"
2. 学生每完成一个动作就为他计分。
3. 如果学生没有完成所有的命令,告诉他(她)可以稍后再试。
4. 继续发出不同的命令,直到每个学生都有3～4次机会。
5. 指出得分最多的学生就是获胜者。
6. 教师还可以让学生轮流发布命令。

6.28 按指定的顺序执行3～4个简单的、不相关的、连续的命令

活动主题:倾听练习

能力要求:走动、听力、视力

兴趣水平:学前、小学、中学

材料:镜子

1. 向学生发布命令:"站起来,触摸镜子并拍拍手。"
2. 学生每完成一个动作就为他计分。

3. 如果学生没有完成所有的命令,告诉他(她)可以稍后再试。
4. 继续发出不同的命令,让每个学生都有 3~4 次机会。
5. 指出得分最多的学生就是获胜者。
6. 教师还可以让学生轮流发布命令。

6.29　按特定顺序执行 4 个以上的命令

活动主题:倾听练习

能力要求:视力、听力、动手能力

兴趣水平:学前、小学、中学

材料:彩色的广告纸板、水彩笔、纸袋

1. 用彩色广告纸板制作三明治的不同组成部分。
2. 让每个部分都是 10 cm。
3. 把所有的部分放在褐色的纸上。
4. 告诉学生他们将有机会制作三明治。
5. 把三明治的组成部分和砧板交给学生。
6. 让学生把三明治组合在一起。
7. 说:"我需要 1 片面包、2 片生菜、一片烤牛肉、一片奶酪和另外的 1 片面包。"
8. 让其他学生观察"三明治制作者"是否正确地做出了三明治。
9. 重复命令,直到学生正确地做出了三明治。
10. 把三明治板递给下一个学生。
11. 重复命令,但改变三明治各部分的顺序。
12. 在全班学生中传递三明治板,直到人人都有机会参与。

6.30　转述读过的故事情节

活动主题:讲述故事

能力要求:视力、听力、语言、动手能力

兴趣水平:学前、小学、中学

材料:道具、故事

1. 为简单的故事或童话准备道具。

2. 教师用毛绒玩具讲故事。
3. 让学生用他(她)喜欢的任何道具讲故事。
4. 如果学生有困难,递给他或指给他另一个道具作为线索。
5. 告诉学生努力减少讲故事中对道具的使用。
6. 继续下去,直到学生不再需要任何道具。

■ 6.31 转述别人在讨论中所说的话

活动主题:倾听练习

能力要求:视力、听力、语言

兴趣水平:学前、小学、中学

材料:纸、铅笔、盒子

1. 在一张纸上写出五个学生最近做的事,如:李明乘坐公交车去上学。
2. 把这张纸折叠好,放进一个盒子。
3. 告诉学生取出一个纸条并进行朗读,或者教师替他(她)读。
4. 让学生用第三人称等方式转述这件事。例如:把"刘娟喜欢在晚上打保龄球"改为"她喜欢在深夜打保龄球"。根据学生情况,可以提高难度,例如:把"刘娟说她喜欢在晚上打保龄球"改为"她说自己喜欢在深夜打保龄球"。

■ 6.32 执行口头信息中暗示的、没有明确说出的任务

活动主题:倾听游戏

能力要求:视力、听力、语言、动手能力

兴趣水平:学前、小学

1. 告诉学生分开站立,彼此保持两臂的间距。
2. 选一个领队站在学生前面。
3. 告诉领队把胳膊像翅膀那样快速上下挥动,同时说:"飞机在飞,喷气式飞机在飞,老鼠在飞。"
4. 让其他学生在领队每次说某物在飞的时候上下挥动胳膊。
5. 让其他学生在领队说某物没有飞的时候停止挥动胳膊。
6. 让没有跟上动作的学生坐下来。

7. 指出留在游戏中时间最长的学生就是获胜者,并让他(她)成为下一个指挥者。
8. 教师还可以让学生改变手势并说一些不同的话。

6.33 区分不同语调的口头信息

活动主题:倾听游戏
能力要求:听力、动手能力
兴趣水平:学前、小学、中学
材料:游戏身份牌

1. 选一个学生当裁判。
2. 让这个学生背对其他学生站着。
3. 让另外一个学生充当访客,站在裁判后面轻拍地板。
4. 让裁判问:"谁在敲门?"
5. 访客说:"上午好,裁判。"
6. 看裁判能否听出访客是谁。
7. 如果访客骗过了裁判,让他代替裁判。否则,让访客回到座位上并选择另一个学生来继续活动。
8. 在学生们能够熟练地辨认出彼此的声音后,可以增加难度,选择两个学生充当访客,并且同时说:"上午好,裁判。"

6.34 从口头材料中选择之前详细说明过的细节

活动主题:倾听故事
能力要求:听力、语言
兴趣水平:学前、小学
材料:故事

1. 教师告诉学生将会给他们讲故事。
2. 让学生听并记住一两样事物。
3. 给学生读或讲述一个只有3~4个句子的简短故事。
4. 让学生就他们需要听并记住的事物回答问题。

5. 如果学生回答错误,重复故事内容并让他再试一遍。

6. 教师还可以让学生复述故事或者用3~4张图片说明这个故事。

■ 6.35 根据口头材料做出适当的面部表情

活动主题:倾听练习

能力要求:听力、语言

兴趣水平:学前、小学、中学

材料:诗词、故事书等

1. 选一些有助于增加学生的面部表情变化的诗词或故事。
2. 告诉学生认真听诗词或故事。
3. 要求学生在听到相关情节内容或词句时做出适当的面部表情。
4. 阅读诗词或故事。
5. 让学生在阅读过程中的适当时机做出相应的面部表情。
6. 使用和学生的环境相关的角色扮演的情境来进行拓展练习。

第七章　手　语

运用手势来交流

行为标识

只用手势或面部表情来交流

识别数量有限的手势

不能独立做手势

使用一个手势代表很多字词

只能阅读简单的字词和用手势表示这些字词

不能通过解读说话者的面部表情和身体语言来获取线索

能用自己的身体语言给出线索

使用大幅度动作来做手势

只把句子中的名词和动词用手势表示

不能用手势表示疑问、肯定与否定等

第七章 手 语

■ **7.01 用动作手势等方式向别人展示物体、人或情况,以便进行手势交流**

活动主题:看图做手势

能力要求:视力、听力、手势运动

兴趣水平:学前、小学

材料:图片、卡片

1. 把描画人物需要的图片粘贴在卡片上。
2. 收集与人物活动相关所需要的物件,如:被子毯子代表睡觉所需的物件。
3. 让学生围坐成半圆形。
4. 找到主动参与表演的学生。
5. 让这名学生选一张图片,准备用动作手势表演出来。
6. 不要让其他学生看到这张图片。
7. 让表演者在看到图片后面向全班学生。
8. 表演者用动作手势描述图片。
9. 让一个学生猜出表演的是哪一物件,挑选出相应图片。
10. 如果学生选错了物件,用手势进行进一步的说明。
11. 继续用其他的图片练习。

■ **7.02 使用手势表达想要或需要的东西**

活动主题:看图做手势

能力要求:视力、手语、动手能力

兴趣水平:学前、小学、中学

材料:图片、卡片

1. 把描画人物需要的图片粘贴在卡片上。
2. 收集与人物活动所需要的相关物件,如:被子、羊毛毯代表睡觉所需的物件。
3. 让学生围坐成半圆形。
4. 找到主动参与表演的学生。
5. 让这名学生选一张图片,准备用动作手势表演出来。
6. 不要让其他学生看到这张图片。
7. 让表演者在看到图片后面向全班学生。

8. 表演者用动作手势描述图片。

9. 让一个学生猜出表演的是哪一物件,挑选出相应图片。

10. 如果学生选错了物件,用手势进行进一步的说明。

11. 继续用其他的图片练习。

7.03 观察说话人的脸或身体,以获取手势表达的信息意义

活动主题:看手势配句子

能力要求:视力、手语

兴趣水平:学前、小学

材料:黑板、粉笔

1. 在黑板上写出5个要求使用不同的面部表情的句子。如:"很抱歉你的猫受伤了"要求使用难过的表情;"我今天很高兴"要求使用愉快的表情。

2. 让学生面向教师和黑板坐着。

3. 说出一个句子,同时使用适当的面部表情和身体动作作为提示。

4. 让一个学生根据表情和身体动作指出黑板上理解的那个句子。

5. 如果学生没有达到相应的阅读水平,在每个句子的旁边配一幅图片。

6. 如果学生第一次选错了,让他再试一次,直到他找出正确的句子。

7. 首先尝试学生所知道的句子,然后过渡到学生不知道的句子。

8. 让学生造一些句子,然后把这些句子写在黑板上。

7.04 对别人做出的、适合自己需要的单个手势做出回应

活动主题:看图(词语)做手势

能力要求:视力、手语

兴趣水平:学前、小学

材料:动作卡片

1. 把表示动作的图片贴在小卡片上。如果学生会自己读,也可以在每张卡片上写一个表示动作的词语。

2. 使用适合学生需要的简单的动作词语。

3. 让学生面朝教师坐成一排。

4. 让每个学生挑出 3 张卡片,不看上面的内容,然后回到座位上读或者看着这些卡片。
5. 用手势表示卡片上所写的一个动作词语,只让选到这张卡片的学生用手势做出回应。
6. 允许做出正确手势的学生保留这张卡片。
7. 对那些令学生感到困难的手语做出解释。
8. 用图片或书面形式列出黑板上的词语,以便让学生轮流用手势示意。
9. 教师还可以把它改成一个猜谜游戏。
10. 猜测学生的名字,并且给出动作示意。例如,教师说"小猫跑步",如果小猫没有拿到跑步卡片,他就会摇头表示"不对"。
11. 教师猜测三次之后必须放弃猜测并选择学生来代替。

■ 7.05　模仿别人做出表达自己需要的单个手势

活动主题:手势模仿
能力要求:视力、手语
兴趣水平:学前、小学、中学
在手语教师的指导或帮助下使用或调整

1. 坐在学生对面,以便师生的手能够互相接触。
2. 把学生的手掌正面朝上放在桌子上,把教师的手掌正面朝下放在他的手掌上。
3. 示范手语。
4. 帮助学生做出新手势。
5. 在学生的手掌上做一个手势,然后保持手部的姿势,以便让学生模仿。
6. 把手举到脸部的高度并重复这个手势。
7. 教师还可以使用不同的和难度更大的手势。

■ 7.06　无须示范,用单个手势表示自己的需要

活动主题:单个手势练习
能力要求:视力、动手能力

兴趣水平：学前、小学

材料：杂志图片

1. 告诉学生当天将要用到的表达某个特定需要的特定手势。
2. 选择一个醒目的地方张贴一张适当的图片来提醒这个特殊的"手势日"。
3. 告诉学生那些能使用适当手势的同学将会在当天课程结束的时候收到奖励证书。比如，上面有可能写道：小明用当天的手语来表示"水"（如图 7-1）。
4. 用证书等来奖励正确使用手语的学生。

```
名字：
      小明
用当天的手
势语来表示
 ★    水
```

图 7-1

7.07　使用单个手势表示许多相关的或相似的事物

活动主题：单个手势练习

能力要求：视力、手语

兴趣水平：学前、小学、中学

材料：图片

1. 从杂志上收集几张物品图片，并根据类别分成几袋。
2. 把袋装的分类图片放在桌子上，在纸条上写上类别名称，并把纸条放在适当的袋子旁边。
3. 复习关于动物、食物、衣服和图片中涉及的其他类别的手势。
4. 从每个袋子里分别拿出几张图片放在手里。
5. 把一张图片放在学生前边的桌子上，并且询问他（她）这张图片属于哪一类。
6. 如果学生回答正确，让他（她）把这张图片放进适当的袋子里。
7. 如果学生的回答不正确，示范正确的手势，把图片放回手中，并让他（她）再试一遍。
8. 不按照任何顺序重复使用所有不同的图片。

9. 当教师使用这些图片的时候,把它们混在一起。

■ 7.08 使用脸和身体给出的线索,来表达交流的信息

活动主题:身势表情练习

能力要求:走动、视力、听力、手语、动手能力

兴趣水平:小学、中学、青少年

材料:图片、索引卡

在手语教师的指导或帮助下使用或调整。

1. 把学生可能会用于哑剧表演的图片贴在卡片上。
2. 找到用于哑剧表演的图片。
3. 收集用于表演的服装和化妆品。
4. 首先让每个学生脸面整洁,再让任何一个愿意表演的学生穿上表演服。
5. 如果学生没有把握,教师可以选择一张卡片并示范哑剧表演。
6. 发给每个学生一张卡片,并给出几分钟的时间来制定哑剧表演的计划。
7. 提醒学生用脸部表情和肢体语言帮助解释图片中的动作。
8. 让其他学生通过选择正确的卡片或写出词语或用手势表示单词来猜测这个动作的含义。
9. 为每个哑剧表演鼓掌。
10. 让猜对的学生成为下一个表演哑剧的人。

■ 7.09 用微笑和皱眉来提示手语在交流中的含义

活动主题:身势表情练习

能力要求:视力、手语

兴趣水平:学前、小学

材料:图片

1. 收集表示动作和感情的大图片或者从杂志上剪下这类图片。
2. 在每张图片的下面写出表示感情的简单句子,例如,高兴、难过或狂怒,但实际上不使用这些词语。
3. 把一张图片展示给学生,用手势表示句子含义,但不带表情。

4. 让一个学生用手势表示句子含义,同时用面部表情和身体语言来配合这个句子。
5. 让每个学生都有机会用手势和面部表情来表达一张图片。
6. 如果学生的反应不合适,解释为什么不合适。
7. 询问如果他是图片中的人,他会有怎样的感受。

7.10 用手、胳膊、脚、肩膀和膝盖来增加手语的表现力

活动主题:手势练习
能力要求:视力、动手能力
兴趣水平:学前、小学
材料:图片、服装和化妆品等

在手语教师的指导或帮助下使用或修改。

1. 把学生可能会用于哑剧表演的图片贴在卡片上。
2. 找到用于哑剧表演的图片。
3. 收集用于表演的服装和化妆品。
4. 首先让每个学生脸面整洁,再让任何一个愿意表演的学生穿上表演服。
5. 如果学生没有把握,教师选择一张卡片并示范哑剧表演。
6. 发给每个学生一张卡片,并给出几分钟的时间来制订哑剧表演的计划。
7. 提醒学生用脸部表情和肢体语言帮助解释图片中的动作。
8. 让其他学生通过选择正确的卡片或写出单词或用手势表示单词来猜测这个动作的含义。
9. 为每个哑剧表演鼓掌。
10. 让猜对的学生成为下一个表演哑剧的人。

7.11 用手语的速度和活力来表示匆忙、害怕、愤怒、懒惰等

活动主题:手势练习
能力要求:视力、动手能力
兴趣水平:学前、小学
材料:图片、服装和化妆品等

在手语教师的指导或帮助下使用或修改。

1. 把学生可能会用于哑剧表演的图片贴在卡片上。
2. 找到用于哑剧表演的图片。
3. 收集用于表演的服装和化妆品。
4. 首先让每个学生脸面整洁,再让任何一个愿意表演的学生穿上表演服。
5. 如果学生没有把握,教师选择一张卡片并示范哑剧表演。
6. 发给每个学生一张卡片,并给出几分钟的时间来制订哑剧表演的计划。
7. 提醒学生用脸部表情和肢体语言帮助解释图片中的动作。
8. 让其他学生通过选择正确的卡片或写出单词或用手势表示单词来猜测这个动作的含义。
9. 为每个哑剧表演鼓掌。
10. 让猜对的学生成为下一个表演哑剧的人。

■ **7.12 对别人用手势表示自己的名字做出反应**

活动主题:手势练习

能力要求:视力、手语、动手能力

兴趣水平:学前、小学

材料:每个学生的姓名卡、白板笔/自动记分器、纱线

1. 为每个学生准备一张姓名卡,并用纱线从姓名卡的上端穿过去,以便戴在学生的脖子上。
2. 让学生围坐成一圈。
3. 一次举起一张姓名卡,用手势表示上面的名字,并用歌曲《春天在哪里》的曲调唱:"小明在哪里?小明在哪里?"
4. 让小明把这张卡片取走,把卡片挂在脖子上并站起来,从而表示他认可用手势表示他的名字。
5. 当他拿到自己的姓名卡时,让他唱歌曲的第二部分:"我在这儿,我在这儿。"
6. 唱歌并示意这个站着的学生:"现在你可以坐下了,小明;现在你可以坐下了,小明。谢谢你,谢谢你。"
7. 继续唱歌直到所有的学生都拿到了姓名卡。

7.13 模仿别人用手势表示自己的名字

活动主题:手势练习
能力要求:视力、手语、动手能力
兴趣水平:学前、小学
材料:黑板、粉笔、奖励卡

1. 编一个故事,故事中几次提到每个学生的名字。
2. 在教师用手势表示学生的名字时,他们必须留心将出现在故事中的自己的名字,并且当他们看到自己的名字时,他们必须立即重复这个名字。
3. 开始读故事并用手势表示这个故事,等待每个学生辨认出自己的名词并用手势表示这个名字。
4. 在黑板上做标记,每次学生正确识别了自己的名字并用手势表示这个名字时,都发给他(她)一个奖励卡。
5. 确保故事中出现的名字数目是偶数,并且在故事结束时数一数标记,看一看学生是否在每次被提到名字的时候都做出了回应。

7.14 无须示范,用手势表示自己的名字

活动主题:手势练习
能力要求:视力、手语
兴趣水平:学前、小学
材料:图片、服装和化妆品等

1. 教给学生一首简单歌曲的歌词:"你叫什么名字? 我的名字是……"并且编一个调子。
2. 让学生围坐成一圈并等着教师点名。
3. 教师站在这个圆圈的中央,慢慢转身、做手势、唱歌。
4. 当唱到第二个"我的名字是"的时候,指着一个学生,让他在没有示范的情况下一边打手势一边说出他自己的名字。
5. 再次转身、做手势、唱歌,并在歌曲结束时指向另一个学生。
6. 继续重复,直到教师点了这个圆圈中的每一个学生。
7. 让每个学生都有机会站在中间、唱歌、指向另一个学生,并且重复几次。

7.15 别人用手势表示兄弟姐妹、同班同学、朋友时，把这些手势同他们本人相匹配

活动主题：手势练习
能力要求：视力、动手能力
兴趣水平：学前、小学
材料：细长的图表、胶水、口袋信封、图片

1. 收集学生及其兄弟姐妹和朋友的照片。
2. 把这些图片随意放在一个细长的图表上。
3. 在图表的底部粘一个纸口袋。
4. 让学生根据手语所表示的名字把图片放进口袋。
5. 如果学生需要更多的提示，用手指着图片。
6. 对学生的正确反应给予分数奖励。
7. 指出得分最多的学生就是获胜者。
8. 教师还可以改变或增加图片和名字。

7.16 模仿别人做出的表示兄弟姐妹等的手势

活动主题：手势练习
能力要求：视力、手语
兴趣水平：学前、小学
材料：卡片、奖励卡

1. 列出学生的兄弟姐妹（如果都是独生子女，就用同学代替）的名字。
2. 让学生面向教师坐成一排。
3. 告诉学生，老师将会说"如果你有一个姐姐名叫……""你可以……"，给出简单有趣的命令让他们执行。
4. 告诉学生注意他们的兄弟姐妹的名字。
5. 要求学生，在看到教师用手势表示他们的兄弟姐妹的名字时，先把这个名字重复一下，然后再执行命令。
6. 用手势进行表述。
7. 当教师用手势表示某个学生的兄弟姐妹的名字时，让他同样用手势向你表

示这个名字。作为奖励,他可以执行命令。
8. 如果学生没有回应,重复教师的要求。

7.17　无须示范,做出表示兄弟姐妹等的手势

活动主题:手势练习

能力要求:视力、手语、动手能力

兴趣水平:小学

材料:用于各种场合的卡片、信封、邮袋、邮递员的帽子

1. 准备用于各种场合的卡片:把一个学生的名字写在卡片上,把另一个学生的名字写在外面的信封上。
2. 把帽子和邮袋交给一个学生。
3. 这个学生把卡片递送给每个人的时候都要把他们的名字用手势表示出来。
4. 学生没有把握的时候就为做他示范。
5. 让其他学生打开他们所收到的卡片。
6. 用手势表示寄卡人的名字并感谢他们。
7. 教师还可以用卡片帮助学生学习关于节日的手势。
8. 让学生用手势表示这张卡片适用于哪种场合。

7.18　指出别人用手势表示的5个熟悉的物件

活动主题:手势练习

能力要求:视力、动手能力

兴趣水平:学前、小学

材料:物件(桌子、椅子、窗户、水槽、旗子、门)、奖品

1. 告诉学生,他们将有机会玩侦探游戏。
2. 告诉学生们教师已经在房间里秘密的地方藏了奖品。
3. 告诉学生们老师将用一个秘密的手语告诉他们到哪里去找。
4. 向一个学生示意"桌子",让他找到藏在那里的奖品。
5. 继续下去,直到每个学生有机会至少在一个地方寻找奖品。
6. 让学生去藏有更多奖品的房间。

7. 再次继续下去,直到每个学生有机会至少在 5 个地方寻找奖品。
8. 变换奖品。

7.19 模仿别人用手势表示 5 个熟悉的物件

活动主题:手势练习
能力要求:视力、手语、动手能力
兴趣水平:学前、小学、中学
材料:生活用品或玩具

1. 教师面向学生坐着。
2. 把一个常见的物件向学生展示,并教他怎样用手势表示这个物件。
3. 帮助学生做手势。
4. 在教师用手势表示物件的时候逐渐减少肢体提示和视觉提示。
5. 当学生能够正确地用手势表示所看到的物件时,用同样的步骤继续介绍第二个物件的手势。
6. 随意向学生展示第一个和第二个物件,让他用手势区分这两个物件。

7.20 无须示范,用手势表示 5 个熟悉的物件

活动主题:手势练习
能力要求:视力、手语、动手能力
兴趣水平:小学、中学
材料:细绳、容器、胶带、磁铁、图片

1. 准备鱼缸或类似的容器。
2. 收集一些常用物品的图片并在每张图片上用胶带固定一小块儿磁铁。
3. 把这些粘好磁铁的图片放进鱼缸里。
4. 把细绳系在棍子上当作钓鱼竿。
5. 把一小块儿金属固定在细绳的另一端来"钩住"磁铁。
6. 让学生钓图片(如图 7-2)。
7. 让学生用适当的手势表示他从鱼缸里钓上来的图片。
8. 通过允许学生保留他所钓上来的图片来奖励他的正确反应。

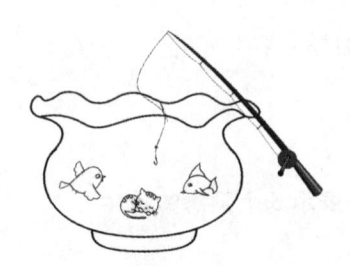

图 7-2

9. 如果学生的反应不正确,示范正确的手势让他模仿,并把图片放回鱼缸。
10. 给每个学生一次机会。

■ **7.21 根据别人的手势指出 10 个熟悉的物件**

活动主题:手势练习
能力要求:视力
兴趣水平:学前、小学
材料:物件若干(生活用品、玩具)

1. 选择学生正在练习用手势表示的物件。
2. 和学生一起练习手语。
3. 让学生走出去,而教师在房间里藏一些物件。
4. 让学生回来。
5. 用手势向学生表示物件的名字。
6. 让学生在房间里搜寻这些物件。
7. 继续下去,直到所有的物件都被找到。
8. 对找到正确物件的学生给予奖励:告诉他把物件藏起来让下一个学生来寻找。
9. 继续下去,直到每个学生都有机会参与。
10. 向学生做手势的时候一定要使用完整的句子。

■ **7.22 模仿别人,用手势表示 10 个熟悉的物件**

活动主题:手势练习
能力要求:视力、手语、动手能力

兴趣水平:小学、中学

材料:水彩笔

1. 让学生围坐成半圆形。
2. 准备一些图片,让这些图片代表由不同笔画组成的字或词。
3. 把这些图片正面朝上摆放在桌子上。
4. 用手势表示一个词语,并让学生选择适当的图片。
5. 如果学生选对了,用笑脸卡做出回应;如果学生选错了,用带有困惑表情的一张卡片做出回应。
6. 用同样的方法继续让其他学生参与。
7. 在所有的交流中使用完整的句子。

7.23 无须示范,用手势表示 10 个熟悉的物件

活动主题:手势练习

能力要求:视力、手语、动手能力

兴趣水平:学前、小学

材料:彩色短袜、熟悉的小物件

1. 准备彩色短袜并且在每只袜子里装进一个熟悉的小物件或玩具。
2. 把袜子放在桌子上、地板上或活动场地上。
3. 让学生用手势表示他(她)想要的袜子颜色。
4. 让学生把手伸进袜子里,把物件拿出来。
5. 让他(她)用手势表示这个物件的名字。
6. 如果学生反应正确,用手势向他(她)示意并且让他保留这个物件。
7. 如果学生的反应不正确,示范正确的手势,让他(她)用正确的手势再试一遍,把物件放回到袜子里,并且把袜子放回桌子上。
8. 教师还可以让学生用衣夹把袜子挂在晾衣绳上,用手指来操作袜子。

7.24 把别人表示的 10 个形容词的手势同适当的图片或物件相匹配

活动主题:手势练习

能力要求:视力、手语、动手能力

兴趣水平：小学

材料：彩色塑料筹码

1. 让学生围坐成一圈。
2. 把一整盒彩色筹码扔向空中。
3. 用手势示意一个学生：他(她)的工作是找到5个红色的筹码。
4. 留出一些时间让学生完成任务。
5. 如果需要就纠正学生的错误。
6. 教师还可以把筹码用于数学游戏。让学生收集3个红色筹码和2个蓝色筹码，并让他(她)用手势做加法。

7.25 无须示范，用手势表示10个形容词

活动主题：手势练习

能力要求：视力、手语、动手能力

兴趣水平：小学、中学

材料：各种颜色的纸模、大头针、图片或海报、布告栏

1. 把海报或图片贴在布告栏上。
2. 用各种颜色和形状的纸把图片遮住。
3. 让学生轮流用手势表示他们想要拿掉的纸的颜色和形状。
4. 如果学生的手势是正确的，把纸拿掉并送给这个学生。
5. 如果学生的手势是错误的，示范正确的手势，然后让另一个学生练习用手势表达。
6. 教师还可以改用数字卡或字母卡或动作图片。

7.26 把别人所做10个动词的手势，与适当的动作相匹配

活动主题：手势练习

能力要求：走动、视力、动手能力

兴趣水平：小学、中学

材料：图片、索引卡

1. 准备一些带有人物线条画的图片，这些人物线条画描绘了各种动作。

2. 让学生围成半圆形站立。
3. 教师面向学生,用手势表示动作。
4. 让一个学生根据教师的手势选择正确的动作图片。
5. 如果学生做出了正确反应,在教师做手势的时候,就让他带领其他学生做这个动作。
6. 如果学生的反应不正确,重复这个手势并让另一个学生找到图片。
7. 继续用同样的方法练习图片中所有的动词。

7.27 无须示范,用手势表示 10 个动词

活动主题:手势练习

能力要求:视力、手语、动手能力

兴趣水平:学前、小学

材料:纸盒子、纸夹、词卡或图片、带有细绳和磁铁的杆子

1. 准备 10～20 张带有动作图片的卡片,每个图片都展示了动词的含义。
2. 把纸夹夹在每张卡片上。
3. 把所有的卡片都放进一个盒子里,以免别人看到卡片。
4. 用木钉和细绳准备钓鱼竿。
5. 把细绳的一端系在竿子上,另一端拴上磁铁当作钩子。
6. 让学生把"钩子"放进盒子里。
7. 让学生把卡片拉上来、从钓鱼竿上取下卡片,用手势表示卡片上的动作。
8. 如果学生的手势是正确的,允许他留着这张卡片。
9. 如果学生的手势是错误的,把卡片放回"池塘"。

7.28 读懂并用手势表示由 2 个词组成的短语

活动主题:手势练习

能力要求:视力、手语

兴趣水平:小学、中学

材料:2 套词语卡片(上面的每两个词可以组成短语,如:黑色大衣、大箱子、漂亮女孩、一匹马)、游戏板、骰子

1. 准备简单的游戏板、骰子和2个团队标识物如棋子。
2. 准备2套词语卡片,第一套的一张卡片和第二套的一张卡片可以组成由2个词构成的词语或短语。
3. 把一套卡片正面朝下放在一堆里,把另一套卡片全部正面朝上摆放。
4. 让4个学生分两组坐在桌子旁,他们中的搭档坐在彼此对面。
5. 让第一个学生从一堆卡片中抽一张,读一读,并向他(她)的搭档做出适当的手势。
6. 让搭档从正面朝上的卡片中选一张他认为可以与之匹配的卡片。
7. 如果他们配合正确,让搭档掷骰子并让棋子按骰子上所显示的方格数前进。
8. 如果他们配合不当,让他们把卡片放回堆里,不允许他们掷骰子或前进。
9. 让学生轮流坐在桌子旁,以便让每个人都有机会读卡和打手势。
10. 指出最先让棋子到达终点的小组胜出。

7.29 根据别人的手势指出20个、50个、100个熟悉的物件

活动主题:手势练习

能力要求:视力、手语、动手能力

兴趣水平:学前、小学

材料:彩色气球

在手语教师的指导或帮助下实施或调整。

1. 为每个学生准备一只充气的气球。
2. 每只气球必须有一根细绳方便抓握。
3. 把气球发给学生。
4. 用手势向学生表示身体部位的名字。
5. 让学生用气球指出这个身体部位。
6. 继续做下一个手势。
7. 在上课过程中把难度大的手势重复几遍,直到学生的反应都正确。
8. 在这节课结束时,让学生用某个身体部位把气球弄破。
9. 还可以用红色气球指向某个身体部位,用黄色气球指向另一个身体部位等。
10. 用气球指向你所示意的房间里的物体。

■ 7.30 无须示范，用手势表示 20 个、50 个、100 个熟悉的物件

活动主题：手势练习

能力要求：视力、手语、动手能力

兴趣水平：学前、小学

材料：彩色气球

在手语教师的指导或帮助下实施或调整。

1. 为每个学生准备一只充气的气球。
2. 每只气球必须有一根细绳方便抓握。
3. 把气球发给学生。
4. 用手势向学生表示身体部位的名字。
5. 让学生用气球指出这个身体部位。
6. 继续做下一个手势。
7. 在上课过程中把难度大的手势重复几遍，直到学生反应都正确。
8. 在这节课结束时，让学生用某个身体部位把气球弄破。
9. 还可以用红色气球指向某个身体部位，用黄色气球指向另一个身体部位等。
10. 用气球指向你所示意的房间里的物体。

■ 7.31 用手势做出 20 个、50 个适当的匹配的动作

活动主题：手势练习

能力要求：视力、手语

兴趣水平：小学、中学

材料：纸板、标识物、索引卡、剪刀、水彩笔

1. 准备带有 50 个方格的游戏板。
2. 在每个方格中画 1 个动作图片。
3. 再把这 50 个动作图片分别画在小卡片上，以便可以从一堆卡片中抽取。
4. 发给第一个学生 10 张红色标识物，另一个学生 10 张蓝色标识物。
5. 让第一个学生从一堆卡片中抽取一张，并用手势表示卡片上的动作。
6. 让他(她)左边的学生把他(她)的彩色标识物放在他(她)用手势所表示的动作图片上。

163

7. 如果他（她）做了正确的手势，就可以把标识物留在那里。

8. 如果他（她）做了错误的手势，就会失去这个标识物。

9. 让另一个学生抽取下一张卡片，并用手势向他（她）左边的学生表示卡片上的动作。按照同样的流程在学生中继续下去。

10. 教师做好裁判，以确保抽到卡片的学生做出了正确的手势。

11. 指出在游戏结束时获得最多标识物的学生就是获胜者。

12. 获胜者也许不止一位。

7.32 无须示范，用手势表示 20 个、50 个动词

活动主题：手势练习

能力要求：视力、手语

兴趣水平：中学、青少年、成年人

材料：卡片上的动词表

1. 制作 2 套相同的卡片。

2. 在每张卡片上写一个动词。

3. 让 4 个学生两两一组面对面坐在一起。

4. 向每组学生中的一个学生传递"口令"。

5. 让学生轮流向他们的搭档提供动词线索，直到有人猜出了正确的动词。

6. 为获胜的一方计分。

7. 把另一个动词传递给对面的学生，按同样的方法继续游戏。

8. 指出在游戏结束时得分最多的一组获胜。

7.33 根据别人所出示的适当的图片和物体，匹配 20 组、50 组形容词、数量词

活动主题：手势练习

能力要求：视力、听力、语言、动手能力

兴趣水平：学前、小学、中学

材料：图画纸、剪刀、细绳、磁铁

1. 用 3～4 种不同颜色的图画纸剪出约 15 cm 的鱼。

2. 在每条鱼上写出不同的数字，这些数字不超出学生的知识限度。

3. 把鱼放进一个大鱼缸里。
4. 让学生坐在鱼缸周围。
5. 教师告诉学生,有一个学生将要用手势表示鱼缸里某条鱼的具体颜色和数字。
6. 告诉其他学生看懂他(她)的手势并找到有着相同颜色和数字的鱼。
7. 为学生示范。
8. 轮流做手势和选择适当的鱼。
9. 把选错的鱼放回鱼缸。
10. 指出谁得到的鱼最多,谁就赢了。

7.34　无须示范,用手势表示 20 个、50 个形容词

活动主题: 手势练习

能力要求: 视力、动手能力

兴趣水平: 小学、中学

材料: 8 cm×12 cm 卡片、50 cm 见方的纸板、圆形标识物

1. 剪出常见物体的图片并把这些图片贴在卡片上。
2. 把直径为 50 cm 的圆沿着边缘分成大约 20 部分。
3. 把一部分标记为"起点",把另一部分标记为"终点"。
4. 发给每个学生筹码或标识物。
5. 让学生轮流抽取卡片,用手势表示上面的名词图片,然后造一个句子,句子中要用到适用于这个名词的尽可能多的描述性词语。
6. 学生每使用一个描述性术语就让他在"轮子"上前进一部分。
7. 指出谁的标识物先到达"终点",谁就是获胜者。

7.35　读懂并用手势表示由 3 个词组成的短语

活动主题: 手势练习

能力要求: 视力、手语

兴趣水平: 学前、小学

材料: 由 3~4 个词组成的句子

1. 在卡片上准备由 3~4 个词语组成的短语或句子。

2. 让学生站成人数相等的两队。
3. 让两队中除了第一个学生外都转过身去,这样他们就看不到教师。
4. 向两队中的第一个学生同时用手势表示一个句子。
5. 让他们轻拍队伍中的下一个学生并且向他们做同样的手势。
6. 让他们依次轻拍下一个学生并且在队伍中传递同样的手势。
7. 让每一队学生在这个手势传递到最后一个学生的时候喊"完成",观察哪一队先完成任务。
8. 留出时间让另一队学生完成任务。
9. 让队伍中最后完成第一个手势的学生用句子表达这个手势是什么意思。
10. 核对一下这个句子是否是教师用手势向第一个学生所表达的同样的句子。
11. 如果第一个小队所说的句子不正确,让另一个小队用手势表达最后接收到的句子。
12. 对正确表达出这个句子的小队给予奖励。
13. 继续用 3~4 个词组成的不同的句子来练习。

7.36 读懂并用手势表示由 4 个词组成的短语

活动主题:手势练习
能力要求:视力、手语、动手能力
兴趣水平:学前、小学、中学
材料:奖励卡

1. 让学生围坐成一圈,让大家可以互相清楚地观察。
2. 告诉学生他们将要使用关于动作的词语。
3. 告诉他们第一个学生将要用手势表示短语或句子中的第一个词。
4. 下一个学生除了用手势表示第一个词,还要再加上一个词。
5. 提醒学生他们必须把所见到的手势短语中的每个词用手势表达出来。
6. 继续下去,直到所需数量的词被增加、被用手势表示、被读出来。
7. 让最后一个人读出用手势表示的短语并做出这个动作。
8. 再次开始练习:让最后一个人用手势表示另一个短语中的第一个词。
9. 教师还可以使用不同类型的短语,或者要求在短语中使用不同数量的词语。

■ 7.37 读懂并用手势表示由名词和动词短语组成的核心句

活动主题:手势练习

能力要求:视力、手语、动手能力

兴趣水平:学前、小学、中学

材料:卡片

1. 在卡片上准备由3～4个词组成的句子。
2. 让学生站成人数相等的两队。
3. 让两队中除了第一个学生外都转过身去,这样他们就看不到教师。
4. 向两队中的第一个学生同时用手势表示一个句子。
5. 让他们轻拍队伍中的下一个学生并且向他们做同样的手势。
6. 让他们依次轻拍下一个学生并且在队伍中传递同样的手势。
7. 让每一队学生在这个手势传递到最后一个学生的时候喊"完成",观察哪一队先完成任务。
8. 留出时间让另一队学生完成任务。
9. 让队伍中最后完成第一个手势的学生用句子表达这个手势是什么意思。
10. 核对一下这个句子是否是你用手势向第一个学生所表达的同样的句子。
11. 如果是,这个小队就是获胜者。
12. 如果第一个小队所说的句子不正确,让另一个小队用手势表达最后接收到的句子。
13. 对正确表达出这个句子的小队给予奖励。
14. 继续用3～4个词组成的不同的句子来练习。

■ 7.38 读懂并用手势表示2个字构成的词语

活动主题:手势练习

能力要求:视力、手语、动手能力

兴趣水平:学前、小学、中学

材料:游戏板、骰子

1. 准备简单的游戏板、骰子和2个团队标识物。
2. 准备2套识字卡片,第一套的一张卡片和第二套的一张卡片可以组成由2

个字构成的词语。

3. 把一套卡片正面朝下放在一堆里,把另一套卡片全部正面朝上摆放。
4. 让4个学生分两组坐在桌子旁,他们中的搭档坐在彼此对面。
5. 让第一个学生从一堆卡片中抽一张,读一读,并向他的搭档做出适当的手势。
6. 让搭档从正面朝上的卡片中选一张他认为可以与之匹配的卡片。
7. 如果他们配合正确,让搭档掷骰子并让团队标识物前进骰子上所显示的方格数。
8. 如果他们配合不当,让他们把卡片放回到堆里,不允许他们掷骰子或前进。
9. 让学生轮流坐在桌子旁,以便让每个人都有机会读卡和打手势。
10. 最先让标识物到达终点的小组胜出。

■ 7.39 读懂并用手势表示疑问的句子

活动主题:手势练习
能力要求:视力、语言、手语、动手能力
兴趣水平:小学、中学、青少年、成年人
材料:写在卡上的10个句子

1. 在卡上写10个疑问句。
2. 让学生排成两列,每列5~10人。
3. 抽第一张卡片并把上面的句子用手势表达给每列的第一个学生,不让其他学生看到。
4. 让第一个学生转向队列中的第二个学生并用手势表示同一个句子。
5. 让每个学生都转向他后面的学生并用手势表示同一个句子,直到最后一个学生也收到这个句子。
6. 让最后一个学生用手势表达并说出这个句子。
7. 第一个把句子传达给最后一个学生,并且让句子完整如初的小队就是获胜者。

■ 7.40 读懂并用手势表示好恶,借助面部表情提醒对方

活动主题:手势练习
能力要求:视力、手语、动手能力
兴趣水平:学前、小学、中学

材料：卡片

1. 在卡片上写 10 个句子,褒贬色彩鲜明。
2. 让学生排成两列,每列 5~10 人。
3. 抽第一张卡片并把上面的句子用手势表达给每列的第一个学生,不让其他学生看到。
4. 让第一个学生转向队列中的第二个学生并用手势表示同一个句子。
5. 让每个学生都转向他后面的学生并用手势表示同一个句子,直到最后一个学生也收到这个句子。
6. 让最后一个学生用手势表达并说出这个句子。
7. 第一个把句子传达给最后一个学生,并且让句子完整如初的小队就是获胜者。

7.41 读懂并用手势表示问题,借助面部表情提示对方

活动主题：手势练习
能力要求：视力、手语
兴趣水平：中学、青少年、成年人
材料：谜语和答案一览表

1. 把谜语和答案分别写在不同的纸上。
2. 让一个学生用手势向其他学生表达第一个谜语。
3. 让猜对谜语的学生用手势表达下一个谜语。
4. 如果没人猜出答案,选择任意一个学生用手势表达下一个谜语。或者提供暗示,直到有人猜对。
5. 让每个学生都有机会用手势表达谜语。

7.42 读懂会话内容并用手势会话,模仿手势交流

活动主题：手势练习
能力要求：视力、语言、手语
兴趣水平：中学、青少年
材料：连环画、纸、剪刀、胶带

1. 从报纸上剪下包含简单的动作图片的连环画。

2. 去掉气泡对话框中的人物对话。
3. 把带有空白的气泡对话框的连环画用胶带粘在空白纸上。
4. 让学生检查连环画。
5. 用手语示范第一个空白的气泡对话框内应该是什么内容。
6. 用手语表示气泡对话框内的内容。
7. 在教师用文字填充气泡对话框的时候,让学生用手势完成连环画。
8. 把这些连环画装订成小册子或者让学生们保留。

7.43 读懂并用手势表示主动句和被动句

活动主题:手势练习

能力要求:听力、语言

兴趣水平:中学、青少年、成年人

材料:桌子、纸做的麦克风

1. 每天选一个特定的时间让学生报告他们的新闻。
2. 把冰箱盒子或其他大型的纸盒子剪出一个"电视屏幕"。
3. 装饰一下。
4. 让每个学生充当几分钟的新闻广播员。
5. 让学生通过手语用过去时态表达新闻。
6. 提醒其他学生注意听,然后用每个新闻报道中的一个问题来测验他们。
7. 检查手语中的错误。
8. 通过为每个新闻广播员拍照并展示照片来提高学生的兴趣。

7.44 读懂并用手势描述肯定句和否定句

活动主题:手势练习

能力要求:视力、手语、动手能力

兴趣水平:中学

材料:冰箱盒或大纸盒

1. 每天选一个特定的时间让学生报告他们的新闻。
2. 把冰箱盒子或其他大型的纸盒子剪出一个"电视屏幕"。
3. 装饰一下。

4. 让每个学生充当几分钟的新闻广播员。
5. 让学生通过手语用过去时态复述新闻。
6. 提醒其他学生注意听,然后用每个新闻报道中的一个问题来测验。
7. 检查手语中的错误。
8. 通过为每个新闻广播员拍照并展示照片来提高学生的兴趣。

■ 7.45 读懂并用手势表示联合复句

活动主题:手势练习

能力要求:视力、手语、动手能力

兴趣水平:中学

1. 用手势表示 2 个核心短语,用一个连词把它们连接成句子。
2. 强调连词(既……又……,不是……而是……,不但……而且……,或者……,不是……就是……,是……还是……)。
3. 让学生对教师做同样的手势。
4. 用手势表示 2 个核心短语,用一个连词把它们连接成问句。
5. 让学生用手势做出回答。
6. 让学生轮流用手势表示需要做出回答的复句。
7. 鼓励学生把回答的句子变成复句。

■ 7.46 读懂并用手势表示偏正复句

活动主题:手势练习

能力要求:视力、手语、动手能力

兴趣水平:学前、小学、中学

1. 用手势表示 2 个核心短语,用一个连词把它们连接成句子。
2. 强调连词(虽然……但是……,如果……就……,只有……才……,只要……就……)。
3. 让学生对教师做同样的手势。
4. 用手势表示 2 个核心短语,用一个连词把它们连接成问句。
5. 让学生用手势做出回答。
6. 让学生轮流用手势表示需要做出回答的复句。
7. 鼓励学生把回答的句子变成复句。

第八章　指　拼

用手指来拼写字词并用手交流

行为标识

不能通过观察他人的指拼来获取线索,进而理解沟通的意义
仿写字母但不能独立书写字母
只用手指拼写名字的首字母
只能识别字词和名字的首字母
用不精确的动作进行手指拼写
用僵硬的手指拼写字词
用不连贯的节奏对字词中的字母进行手指拼写
用不连贯的节奏对句子中的字词进行手指拼写

第八章 指 拼

■ **8.01 在交流中看着指拼者的脸和身体,获取信息**

活动主题:指拼练习
能力要求:视力、动手能力
兴趣水平:学前、小学
材料:纸板、水彩笔、压舌板

1. 用纸板制作带有不同表情的圆形的"脸"。
2. 把它们贴在压舌板上,以便用压舌板当作把手(如图 8-1 所示)。
3. 让学生在教师周围成半圆形坐在桌子旁。
4. 把这些"脸"放在第一个学生的前边。
5. 用指拼表示词语或句子,同时做出面部表情。
6. 让学生选择和教师的面部表情最接近的"脸"。
7. 让他把这些"脸"交给下一个学生。
8. 继续下去,直到每个学生都有练习机会。

图 8-1

■ **8.02 辨认出自己姓名的指拼**

活动主题:指拼练习
能力要求:视力、动手能力
兴趣水平:学前、小学
材料:表演用的衣服、写有姓氏的卡片

1. 让学生围成一圈坐在地板上。
2. 收集旧的表演用的衣服。
3. 一定要为每个学生准备一件衣服,衣服上贴的字和拼音还要和学生名字的姓氏相同。

4. 在每件衣服上都用别针别上一个汉字及其拼音。
5. 把所有的衣服都放在圆圈中央。
6. 用指拼打出学生名字中的姓氏。
7. 让学生对他自己名字的指拼语做出反应:走到圆圈中央,找到那件带有相应汉字的衣服。
8. 让他(她)穿上那件衣服。
9. 为所有的学生重复同样的过程。

■ **8.03　把自己名字的指拼同自己联系起来**

活动主题:指拼练习

能力要求:视力、动手能力

兴趣水平:学前、小学

材料:活动图表

1. 制作以日常活动为内容的卡片,如:收集午餐费或分发试卷。
2. 让学生围着图表成半圆形就座,并讨论日常活动。
3. 用手指拼出学生的名字,每一天都提高一点速度。
4. 如果学生第一次就读出了他自己的名字,允许他选择自己想做的活动。
5. 如果第一个学生没有读出他自己的名字,用手指拼出另一个学生的名字。
6. 每天都用不同学生的名字开始练习,以便让每个学生都获得公平的机会。

■ **8.04　辨认出同班同学名字的指拼1**

活动主题:指拼练习

能力要求:视力、指拼语、动手能力

兴趣水平:学前、小学

材料:带有每个学生的脸部照片的图表

1. 制作一个带有每个学生的脸部照片的图表(如图 8-2)。
2. 坐在一个封闭安静不会分散注意力的地方。
3. 用指拼提示:当你用手指拼出某个学生的名字时,他们就要指向相应的照片。
4. 一遍遍用手指拼写学生自己的名字,直到他能够指出自己的照片。

5. 每次做这项练习的时候都加快一点手指拼写的速度。
6. 让学生通过正确分辨出所有学生的名字来赢取奖品。

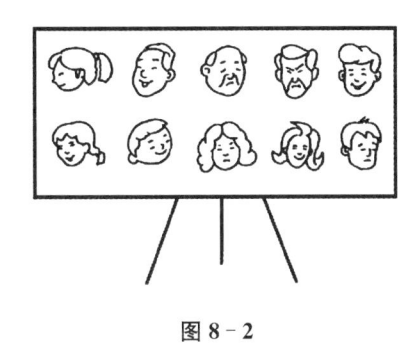

图 8-2

8.05 辨认出同班同学名字的指拼 2

活动主题：指拼练习

能力要求：视力、动手能力

兴趣水平：学前、小学、中学

材料：球

1. 让学生在外面围成一圈站着。
2. 准备一个中等大小的橡胶球。
3. 告诉学生们，教师用指拼打出了哪个学生的名字，他们就只能把球传给哪个学生。
4. 把球交给第一个学生。
5. 让他观察你打的名字，然后把球传递给相应的学生。
6. 逐渐加快打指拼的速度，直到学生出错。
7. 让出错的学生坐下，然后继续这个游戏，直到除了一个学生外所有的学生都坐下。
8. 学生每次传对了球都给予分数奖励。
9. 最后仍然站立着的学生就是获胜者。
10. 教师还可以让学生排成两队，让他们根据提示在两队之间来回传球。

■ 8.06　辨认出用指拼打出的常见词语

活动主题：指拼练习

能力要求：视力、动手能力

兴趣水平：学前、小学、中学

材料：10个物件、桌子和椅子

1. 让4个或5个学生面向教师坐在长桌子的一侧。
2. 把10个物件放在桌子上，让学生够得着。
3. 用手指拼写物件名称。
4. 解释并示范这个过程。
5. 用手指拼写其中的一个物件，并让学生争着去拿。
6. 让学生保留他们赢得的物件。
7. 在游戏结束时获得最多物件的学生就是获胜者。

■ 8.07　把字或词语的意义同他们的图片或其他标志联系起来

活动主题：指拼练习

能力要求：视力、指拼、动手能力

兴趣水平：小学、中学

材料：由字或词组成的词语表

1. 让学生站成两行。
2. 教师站在这两行学生的前面带领他们做游戏。
3. 教师向一行学生中的第一个学生用指拼打出由字组成的词语。
4. 让这个学生向着教师打出同样的词语。
5. 教师向第二行中的第一个学生用指拼打出由字或词组成的不同词语。
6. 按顺序向每个学生用指拼打出词语。

■ 8.08　在通过指拼交流的过程中用脸和身体给出提示

活动主题：指拼练习

能力要求：视力、动手能力

兴趣水平:小学、中学、青少年

1. 列出可以用面部表情来表达的词语。
2. 选一个学生站到全班学生面前。
3. 教师向这个学生用指拼打出选定的词语而不让其他学生看到。
4. 让他用脸和身体向其他学生来表达这个词语,并且让其他学生猜测这个词语。
5. 让猜对的学生走过来,接收教师用指拼打出的下一个词语。
6. 继续下去,直到每个学生都有机会参与。

■ 8.09 模仿别人用指拼打出自己名字中的姓氏

活动主题:指拼练习

能力要求:视力

兴趣水平:学前、小学、中学

1. 让学生坐成一排看着教师。
2. 用指拼打出一个学生的名字,并且让这个学生模仿他(她)的名字中的姓。
3. 随意打出学生的名字并且逐渐加快速度。
4. 让那些没有认出自己的名字和没能模仿自己名字的姓氏的学生退出游戏。
5. 最后一个剩下来的学生就是获胜者。

■ 8.10 模仿别人用指拼打出同班同学的名字中的姓氏

活动主题:指拼练习

能力要求:视力

兴趣水平:学前、小学、中学、青少年

1. 让学生围坐成一圈。
2. 让第一个学生用指拼打出他(她)自己的名字。
3. 让第二个学生用指拼打出第一个学生的名字中的姓。
4. 让第三个学生用指拼打出第一个和第二个学生的名字中的姓。
5. 如果学生很小,可以只打出名字姓氏的首笔画。
6. 继续下去,直到所有的学生都有机会参与。

7. 还可以把要求学生必须记得的名字中的姓氏限制在2个或3个。

8.11 模仿别人用指拼打出自己名字

活动主题:指拼练习

能力要求:视力、动手能力

兴趣水平:学前、小学、中学

1. 让学生围坐成一圈。
2. 让第一个学生用指拼打出他(她)自己的名字。
3. 让第二个学生用指拼打出第一个学生的名字和他(她)自己的名字。
4. 让第三个学生用指拼打出第一个和第二个学生的名字以及他(她)自己的名字。
5. 如果学生很小,可以只打出姓字的首笔画。
6. 继续下去,直到所有的学生都有机会参与。
7. 还可以把要求学生必须记得的名字限制在2个或3个。

8.12 模仿别人用指拼打出同班同学名字

活动主题:指拼练习

能力要求:视力、指拼、动手能力

兴趣水平:学前、小学、中学

1. 让学生围坐成一圈。
2. 让学生用指拼表示"我的名字是",然后用指拼打出他(她)自己的名字。
3. 让第二个学生向全班介绍第一个学生,然后用指拼打出他(她)自己的名字,如:"这是李明,我的名字叫王强。"
4. 让第三个学生介绍第一个和第二个学生,并加上他(她)自己的名字。
5. 继续下去,直到所有的学生都有机会参与。
6. 测试一下学生的记忆力:站在一个学生的后面,让其他所有的学生用手指拼出他(她)的名字。
7. 根据需要提供帮助。

8.13 把自己名字同书写的名字联系起来

活动主题:指拼练习
能力要求:走动、视力
兴趣水平:学前、小学、中学
材料:黑板、名字卡片

1. 把每个学生的大型名字卡片粘在黑板上。
2. 让学生面朝黑板坐着。
3. 解释操练程序。
4. 用指拼打出一个学生的名字,让他(她)站起来并指出自己的名字。
5. 试着通过打出和他的名字类似的词语来干扰他。
6. 如果教师所打出的不是他的名字,提醒他继续坐在位子上。
7. 为那些有困难的学生复习他们名字的指拼。

图 8-3

8.14 把同班同学的名字的指拼同书写的名字联系起来

活动主题:指拼练习
能力要求:视力、动手能力
兴趣水平:学前、小学、中学
材料:带有学生名字的卡片

1. 在纸板上把每个学生的名字写上几遍,做成姓名卡。
2. 把这些姓名卡正面朝上放在地板上。

3. 让学生面朝教师围着卡片坐下。
4. 用指拼打出学生的名字。
5. 让一个学生上前拿下他(她)自己的姓名卡。
6. 当每个学生都取下自己的姓名卡之后,把所有的卡片再次摆放在地板上。
7. 用指拼打出一个学生的名字,让所有的学生都争着去抓那张卡片。
8. 指出获得最多卡片的学生就是获胜者。

■ 8.15 模仿别人用指拼打出由字或词组成的熟悉词语

活动主题:指拼练习

能力要求:视力、指拼

兴趣水平:小学、中学

1. 让学生围坐成一圈,可以看到彼此。
2. 让第一个学生用指拼表示一个句子"我去旅游并买了一个",然后用指拼打出由字或词组成的可以在旅行中携带的物品词语,如:"帽子。"
3. 让第二个学生用指拼重复表示这个句子和词语,并加上另一个由字或词组成的词语,如:"我去旅游并买了一个帽子和一件外套。"
4. 继续让每个学生用指拼表示前面的句子和词语并用指拼打出另外的一个词语。
5. 当学生记不住其中的某个词语时,停下来并重新开始。

■ 8.16 把常见词语的指拼同书面形式的词语联系起来

活动主题:指拼练习

能力要求:走动、视力

兴趣水平:学前、小学、中学

材料:胶带、纸板、剪刀

1. 用纸板剪出 5~10 个大圆,在每个圆上写出由字组成的一个词语。
2. 把这些圆用胶带粘在地板上或外面的人行道上。
3. 让学生排队。
4. 用指拼打出圆上的一个词语并告诉第一个学生走向那个圆。

5. 继续把不同的圆用于每个学生。
6. 有时候用指拼打出不在圆上的一个词语来干扰学生。
7. 当所有的圆都站上学生之后,让两个学生交换他们的圆,并用指拼打出这两个圆上的词语。
8. 逐渐加快打指拼的速度,从而让这场游戏气氛更热烈。

■ 8.17 无须示范,用指拼打出常见词语中的某个单独的字

活动主题:指拼练习
能力要求:视力、动手能力
兴趣水平:学前、小学、中学
材料:大型纸袋、文具或玩具

1. 把文具或玩具放进大型纸袋里。
2. 让学生把手伸进去抓一个物件。
3. 让学生把所抓到的物件的首字用指拼打出来。
4. 如果学生打对了,让他(她)保留这个物件。
5. 如果学生需要提示,为他(她)示范某个单个字。
6. 如果学生打错了,让他(她)把物件放回袋子里。
7. 教师还可以改变袋子里的物件。

■ 8.18 无须示范,用指拼打出自己的名字

活动主题:指拼练习
能力要求:视力、指拼语
兴趣水平:学前、小学、中学

1. 让学生围坐成一圈。
2. 让第一个学生用指拼打出他(她)自己的名字以及和他(她)的姓氏有着相同读音的接龙词语。例如:我叫刘明,我喜欢柳树。
3. 让学生用指拼打出他(她)自己的名字,如果有一个接龙词语和他(她)的姓氏的读音相同,就让他(她)打出这个词语。
4. 鼓励学生接龙新奇的词语。

■ **8.19 无须示范,用指拼打出同班同学的名字**

活动主题:指拼练习
能力要求:视力、语言、指拼语、动手能力
兴趣水平:学前、小学、中学
材料:纽扣

1. 让学生围坐成半圆形。
2. 选一个学生离开房间。
3. 让另一个学生拿起一个纽扣并把它藏起来,同时念口诀"纽扣纽扣,谁有纽扣"。
4. 让他(她)假装把纽扣放在每个学生的手中,但实际上只放在其中一个学生的手中。
5. 让之前离开房间的学生回到房间。
6. 问他(她):"纽扣、纽扣,谁有纽扣?"
7. 让他(她)看一看其他学生并且把他(她)认为可能有纽扣的三个学生的名字用指拼打出来。
8. 如果学生打错了,示范正确的打法。
9. 选择另外一个学生离开房间并继续下去,直到每个学生都有机会。

■ **8.20 无须示范,用指拼表示常见词语**

活动主题:指拼练习
能力要求:视力、语言、指拼语、动手能力
兴趣水平:学前、小学、中学
材料:纸板、剪刀、水彩笔、棍子、细绳、安全别针、箱子

1. 用纸板剪出很多"鱼"并在顶端打孔。
2. 用简单的常见词语的图片给这些"鱼"做上标记。
3. 用棍子、细绳和安全别针制作"钓鱼竿"。
4. 把所有的"鱼"和一个学生放进大箱子。
5. 选一个学生把"鱼线"垂到箱子里。
6. 让箱子里的学生把"鱼"用别针别在钩子上并用力拉"鱼线"。
7. 让钓到"鱼"的学生用指拼打出图画中物体的名字。

8. 如果他(她)打对了,让他(她)留着这条"鱼"。

9. 如果他(她)打错了,示范正确的打法并把这条"鱼"放回"池塘"。

10. 教师还可以使用不同的颜色、数字或形状。

11. 钓到最多"鱼"的学生就是获胜者。

■ 8.21 认出别人用指拼打出的词语中的叠词

活动主题:指拼练习

能力要求:视力、动手能力

兴趣水平:学前、小学、中学

材料:事先准备好的句子、纸、铅笔

1. 准备由几个词语组成的5~10个句子,让词语中包含叠词,如"绿油油"等。

2. 用指拼打出第一个句子,并让学生写下他们看到有多少个词语包含叠词的。

3. 继续用指拼打出句子,直到打完所有的句子。

4. 当教师重复这些句子并指出叠词的时候,让学生核对他们的答案。

5. 让学生统计一下他们总共写对了几个。

6. 写出最多正确答案的学生就是获胜者。

■ 8.22 把由多个字组成的词语的指拼同图片或书面形式联系起来

活动主题:指拼练习

能力要求:视力、动手能力

兴趣水平:学前、小学、中学

材料:卡片

1. 收集描绘常见字的图片或者常见词语卡片。

2. 把一张图片展示给学生。

3. 告诉学生把他们所看到的事物用指拼打出来。

4. 根据需要提供帮助或重复。

5. 把2个或多个图片组合成用短语,用指拼打出。

6. 把词语卡片展示给学生。

7. 让学生用指拼打出这些词语。

8. 把词语卡片组合成用指拼打出的短语或句子。

9. 改变图片和词语卡片,并继续下去。

■ **8.23** 听从别人用指拼打出的2～3个词语的指令

活动主题:指拼练习

能力要求:视力

兴趣水平:学前、小学、中学

1. 让学生靠墙排队,站立在真实的或想象的直线后面。

2. 教师站在学生前面几尺远的地方,告诉学生发指令的活动要求。

3. 选一个学生,教师用指拼打出2～3个词语的指令。

4. 让学生发出执行指令的请求。

5. 同意他(她),或者对他(她)说:"不,不可以。"并提出不同的要求,以此来干扰他。

6. 让学生执行指令。

7. 一次选一个学生并用指拼打出指令。

8. 对学生做出回应给予分数奖励。

9. 如果前一个学生出了错,向后一个学生提出同样的要求。

10. 得分最多的学生就是获胜者。

■ **8.24** 对别人用指拼打出的2～3个词语的指令做出适当的回应

活动主题:指拼练习

能力要求:视力、动手能力

兴趣水平:学前、小学、中学

材料:卡片

1. 让学生靠墙排队,站立在真实的或想象的直线后面。

2. 教师站在学生前面几尺远的地方,告诉学生发指令的活动要求。

3. 选一个学生,教师用指拼打出2～3个词语的指令。

4. 让学生发出执行指令的请求。

5. 同意他(她),或者对他(她)说:"不,不可以。"并提出不同的要求,以此来干扰他。

6. 让学生执行指令。
7. 一次选一个学生并用指拼打出指令。
8. 对学生做出的正确回应给予分数奖励。
9. 如果前一个学生出了错,向后一个学生提出同样的要求。

■ 8.25 当别人用指拼打出自己名字时,认出名字中的所有字

活动主题:指拼练习
能力要求:走动、视力
兴趣水平:学前、小学
材料:卡片

1. 在休息、午餐或下课时间之前,教师面向学生站着。
2. 让学生在看到教师拼写他们的名字时排队。
3. 随意用指拼打出每个学生的名字。
4. 如果学生没有认出他的名字,指着他并进行重复。
5. 教师还可以让学生用指拼打出一个名字。

■ 8.26 当别人用指拼打出自己名字时,模仿名字中的所有字

活动主题:指拼练习
能力要求:走动、视力
兴趣水平:学前、小学

1. 在休息、午餐或下课时间之前,教师面向学生站着。
2. 让学生在看到教师拼写他们的名字时排队。
3. 随意用指拼打出每个学生的名字。
4. 如果学生没有认出他的名字,指着他并进行重复。
5. 教师还可以让学生用指拼打出一个名字。

■ 8.27 无须示范,用指拼打出自己名字中的所有字

活动主题:指拼练习

能力要求:走动、视力

兴趣水平:学前、小学

材料:卡片

1. 把每个学生的名字打印在卡片上。
2. 在学生的注视下,展示每张卡片并用指拼打出每个名字。
3. 告诉学生用指拼打出他们自己的名字。
4. 把卡片展示 5~10 秒钟,以便增强熟练程度。
5. 展示过程一结束,就要求学生用指拼打出。
6. 指着学生说:"打出你的名字",不要给他(她)看卡片。

■ **8.28 模仿别人用指拼打出由 3~4 个字组成的熟悉的词语**

活动主题:指拼练习

能力要求:视力、动手能力

兴趣水平:中学

材料:词语卡片

1. 让第一个学生拼写由 3~4 个字组成的词语。
2. 让第二个学生打出第一个词语和另一个押韵词。
3. 继续让每个学生重复前面所有的词语并增加一个新词语。
4. 当学生忘记词语或想不出新词语的时候就停下来并数一数词语总数。
5. 记录每天的词语数。挑战学生,让他们打破以前的记录。

■ **8.29 模仿别人用指拼打出声母和单韵母**

活动主题:指拼练习

能力要求:视力、动手能力

兴趣水平:学前、小学

材料:带有声母和单韵母的卡片、豆子、带有字母的卡片

1. 准备一些卡片,把它们分成约 12 cm×12 cm 的方格。
2. 在每个方格中写出声母和单韵母(如图 8-4)。
3. 剪出一些小卡片并在每张小卡片上分别写出一个字母。

4. 让每个学生拿一个卡片和 15～20 粒豆子。
5. 从一堆写有字母的小卡片中抽一张卡片,不要让学生看到上面的字。
6. 用指拼打出教师所抽到的字,并且让学生用豆子在卡片上盖住这个字。
7. 第一个在横向、纵向或斜向盖住 5 个方格的学生就是获胜者。

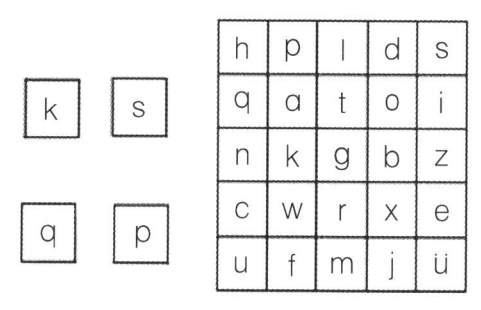

		h	p	l	d	s
		q	a	t	o	i
k	s	n	k	g	b	z
		c	w	r	x	e
q	p	u	f	m	j	ü

图 8-4

■ **8.30 用指拼正确打出两个叠字**

活动主题: 指拼练习

能力要求: 视力、动手能力

兴趣水平: 学前、小学

材料: 黑板

1. 在黑板上写出带两个叠字的词语。
2. 告诉学生用指拼打出教师所指出的每个字。
3. 根据需要进行重复。
4. 让词语短暂曝光,然后遮住它们。
5. 让学生打出。
6. 重复遮住并打出每个词语。
7. 让学生用指拼打出词语。

■ **8.31 独立用指拼打出声母和单韵母**

活动主题: 指拼练习

能力要求：视力、动手能力

兴趣水平：小学、中学

材料：纸板、筹码或点数

1. 用纸板画一个有3~5行的图表,每行写3~4个字(如图8-5)。

$$
\begin{array}{l}
1.\ a\ o\ e \\
2.\ l\ u\ ü \\
3.\ b\ p\ m \\
4.\ j\ q\ x
\end{array}
$$

图8-5

2. 在显著的地方展示图表。
3. 激发学生主动参与。
4. 把行号告诉参与学生。
5. 让学生对着其他学生用指拼打出那一行字母。
6. 告诉学生当他们知道他在打出哪一行字母的时候就举手。
7. 奖励正确的回应:允许这个学生成为新的打指拼的人。
8. 如果第一个学生做出了错误的回应,选择另一个学生。
9. 增加复杂度:增加每行字母的数量,或者在每行的开头和结尾使用相同的字母。

8.32 无须示范,用指拼打出简单的字词

活动主题：指拼练习

能力要求：视力、动手能力

兴趣水平：中学

材料：黑板

1. 选一个较长词语并把它写在黑板上。
2. 一次让一个学生在原词语上擦掉一个字组成一个新字词,并用指拼打出这

个新字词;或者找出包含在原词语中的其他字词,并用指拼打出这个词。
3. 在学生打出新词的时候把这个词写在原词的下面,直到学生想尽了所有可能性。
4. 数一数词的数量。
5. 让学生以小队为单位比赛并设定时间限度。
6. 想出最多词语的小队获胜。

8.33 模仿别人用指拼打出由多字组成的词语

活动主题:指拼练习
能力要求:视力、动手能力
兴趣水平:中学、青少年、成年人
材料:卡片

1. 让第一个学生拼写一个两字组成的词语。
2. 让第二个学生拼写第一个词语,然后再拼一个押韵的词语。
3. 继续让每个学生重复前面所有的词语并增加一个新词语。
4. 当学生忘记词语或想不出新词语的时候就停下来并数一数词语总数。
5. 记录每天的词语数。让学生挑战自我,打破以前的记录。

8.34 无须示范,用指拼打出多字组成的词语

活动主题:指拼练习
能力要求:视力、指拼语
兴趣水平:小学
材料:黑板、粉笔

1. 告诉学生他们将要旅行但是遇到了交通问题。
2. 让学生想出不同的出行方式。
3. 当学生用指拼向教师建议出行方式时,把每种方式都写在黑板上。
4. 告诉学生他们将要投票选出最新颖的出行方式,以此来鼓励创新思维。
5. 以乘"魔毯"出行为例。
6. 用指拼表示教师确信还有更新颖的出行方式,从而让学生们继续开动

脑筋。

7. 投票选出最新颖的出行方式,让全班对想出这个主意的学生报以掌声鼓励。

■ **8.35** 把由多个字组成的词语同图片或书面形式的词语联系起来

活动主题:指拼练习
能力要求:视力、动手能力
兴趣水平:中学、青少年
材料:写有较长词语的卡片

1. 准备 20 张卡片,并在卡片上写出由多个字组成的较长词语。
2. 把这些卡片正面朝上放在桌子上或地板上,并且让 2~4 个学生围拢过来。
3. 吸引所有学生的注意。
4. 用指拼迅速打出卡片上的一个词语。
5. 让第一个读懂它的学生拿走这张卡片。
6. 直到所有的卡片都被取走,指出获得最多卡片的学生就是获胜者。

■ **8.36** 无须示范,用指拼打出多个字母组成的词语

活动主题:指拼练习
能力要求:视力、指拼语
兴趣水平:小学
材料:黑板、粉笔

1. 在黑板上写出一个字。
2. 让学生想出用这个字开头的词语。
3. 举出几个例子。
4. 在这个字下方写出这些词语。
5. 给学生写出另一个字。
6. 在学生打指拼的时候把这些词语写在所给字的下方。
7. 贡献出最多词语的学生就是获胜者。
8. 教师还可以为学生提供字典,这样他们就只需找到并打出这些词语,而不是想出词语。

8.37 把别人用指拼打出的短语同图片或书面形式的短语联系起来

活动主题:指拼练习

能力要求:视力、指拼语

兴趣水平:小学

材料:卡片

1. 准备 20 张卡片,并在卡片上写出相应的词语。
2. 把这些卡片正面朝上放在桌子上或地板上,并且让 2~4 个学生围拢过来。
3. 吸引所有学生的注意。
4. 用手指迅速打出卡片上的一个词语。
5. 让第一个读懂它的学生拿走这张卡片。
6. 直到所有的卡片都被取走,获得最多卡片的学生就是获胜者。

8.38 把由词语组成的句子同图片或书面形式的句子联系起来

活动主题:指拼练习

能力要求:走动、视力、指拼语、动手能力

兴趣水平:小学、中学

材料:2 个购物袋、物件、粉笔、黑板

1. 准备 2 个大型购物袋。
2. 把购物袋装满物品。
3. 把购物袋放在房间的前部。
4. 把学生分成两个小队。
5. 任命两个队长,并让他们站在黑板前。
6. 告诉这两个小队:一听到"开始"的命令,他们就要跑向购物袋、取出物品并用指拼表示"这是一个……"
7. 告诉两个队长,如果他们的队友做出了正确的指拼,他们就要把这个物品的名字写在黑板上。
8. 如果指拼是错误的,就要把这个物品放回购物袋。
9. 让队友跑回队列并轻拍下一个队员,示意他(她)跑向购物袋。
10. 继续下去,直到有一个小队的购物袋变空。
11. 第一个让所有的物件都写在黑板上的小队胜出。

■ 8.39 用指拼打出句子时,识别标点符号

活动主题:指拼练习

能力要求:视力、指拼语

兴趣水平:小学

材料:卡片

1. 选择带有常用标点符号的句子。
2. 示范用手指打出带有标点符号的句子。
3. 让学生和教师一起打指拼。
4. 逐步取消对学生的引导。
5. 用一些包含几个标点符号的句子来增大难度。
6. 还可以把同一句话,标点放不同位置,感受意思的不一样,如:"我给你不给。"

■ 8.40 识别别人用指拼表示的问句

活动主题:指拼练习

能力要求:视力、指拼语

兴趣水平:小学

材料:卡片

1. 选择带有常用标点符号的句子。
2. 示范用指拼打出带有标点符号的句子。
3. 让学生和教师一起打指拼。
4. 逐步取消对学生的引导。
5. 用一些包含几个标点符号的句子来增大难度。

■ 8.41 用指拼打出由拼音字母组成的名字

活动主题:指拼练习

能力要求:视力、听力、指拼语、动手能力

兴趣水平:小学、中学

材料：黑板、粉笔

1. 玩"字母画"游戏(如图 8-6)。教师先示范讲解,在黑板上画出带有字母的小鸟画,一共七个字母。

图 8-6

2. 教师和学生一起玩,如果学生答不出一次,就画一个字母,完成七个字母,就意味着学生输了。
3. 教师给出不完整的拼音,让学生填空。可以用拼音拼写学生名字,如 wangfei。
4. 学生开始游戏,用指拼打出拼音字母。
5. 如果学生猜对了,用那个字母填空。
6. 如果学生猜错了,把"字母画"的一部分画出。
7. 鼓励学生努力用指拼打出这个名字。
8. "字母画"游戏结束之前用指拼正确打出短语的学生就是获胜者。

■ **8.42 把由 5 个以上字或词组成的句子,同图片或书面形式的句子联系起来**

活动主题：指拼练习

能力要求：视力、指拼语

兴趣水平：小学

材料：黑板、粉笔

1. 玩"字母画"游戏。教师先示范讲解,在黑板上画出带有字母的小鸟,一共七个字母。
2. 教师和学生一起玩,如果学生答不出一次,就画一个字母,完成七个字母,就意味着学生输了。
3. 教师给出不完整的句子,让学生填空。

4. 学生开始游戏,用指拼打出字或词。

5. 如果学生猜对了,用那个字或词填空。

6. 如果学生猜错了,把"字母画"的一部分画出。

7. 鼓励学生努力用指拼打出这个短语。

8. 教师还可以让学生在用指拼打出字或词之前先打出他们认为适当的短语。

9. "字母画"游戏结束之前用指拼正确打出短语的学生就是获胜者。

■ 8.43 用手指拼写 5 个以上词语组成的句子

活动主题:指拼练习

能力要求:视力、指拼语、手动能力

兴趣水平:小学

材料:黑板、粉笔

1. 玩"字母画"游戏。教师先示范讲解,在黑板上画出带有字母的小鸟画,一共七个字母。

2. 教师和学生一起玩,如果学生答不出一次,就画一个字母,完成七个字母,就意味着学生输了。

3. 教师给出不完整的句子,让学生填空。

4. 学生开始游戏,用指拼打出字或词。

5. 如果学生猜对了,用那个字或词填空。

6. 如果学生猜错了,把"字母画"的一部分画出。

7. 鼓励学生努力用指拼打出这个短语。

8. 教师还可以让学生在用指拼打出字或词之前先打出他们认为适当的短语。

9. "字母画"游戏结束之前用指拼正确打出短语的学生就是获胜者。

■ 8.44 把用指拼缓慢表示的会话同图片或书面形式的会话联系起来

能力要求:视力、指拼语、动手能力

兴趣水平:小学、中学、青少年、成年人

材料:大型图片

1. 把一系列容易识别的图片放在粉笔托盘上,以便让大家都能看到。

2. 选一个学生凭记忆用指拼描述图片。
3. 先让这个学生独自仔细地看一张图片,然后转身面向全班学生、背对所有的图片,用指拼进行描述。
4. 让学生们轮流向全班描述图片和猜测被描述的是哪张图片。
5. 猜对的学生成为下一个描述者。
6. 允许他(她)选择任何方式来描述图片。
7. 提醒学生们猜中的人将成为下一个描述者。
8. 继续下去,直到所有的学生都有机会参与。
9. 教师做裁判,看所有的指拼描述,以确保其准确性。

8.45 用指拼正确打出疑问句

活动主题: 指拼练习
能力要求: 视力、动手能力
兴趣水平: 中学、青少年、成年人
材料: 写在卡片上的名人姓名、安全别针

1. 在卡片上写出名人的姓名。
2. 为每个学生写一张卡片。
3. 把这些卡片混在一起。
4. 拿起一张卡片,用别针把它别在一个学生的后面而不让他(她)看到上面的名字。
5. 让他(她)走向其他学生,一次用指拼打出一个问题,从而努力确定被别在他(她)后面的是什么名字。
6. 当他(她)猜出来的时候,让他(她)拿掉那张卡片,但他(她)仍要留在游戏中回答别人的问题。

第九章 唇 读

通过读唇语来理解语言交流

行为标识

不观察说话者的嘴唇和眼睛

只读配有线索的字词

只遵从配有线索的口头命令

只读已知的字词

只读熟人的唇语

在人群中读说话者的唇语有很大的困难

不能要求说话者对那些被误解的语言交流进行重复或重新措辞

不能看到说话者所表述的完整信息

按照对信息的不完整的解读行事

只参与简短的会话

… 第九章 唇 读

■ **9.01 在交流中看着说话人的脸部表情和肢体动作来获取有意义的信息**

活动主题:唇读练习
能力要求:视力
兴趣水平:学前
材料:狗、兔子、猫、鸭子、助听器

1. 选择一个动物玩具。
2. 把动物玩具举到教师的脸旁、靠近教师的嘴。
3. 等着学生向教师看过来。
4. 用短语和句子讨论教师手里的动物玩具。
5. 当教师谈论完,让学生触摸或者拿着这个动物玩具。
6. 开始的时候对每个动物玩具只使用一个短语或描述性的短句。
7. 当学生能专注于整个短语的时候,增加更多的描述性短语。
8. 用这种方法来介绍新词。

■ **9.02 在交流中看着说话人的嘴唇和眼睛来获取有意义的信息**

活动主题:唇读练习
能力要求:视力
兴趣水平:学前
材料:唇膏、助听器、眉笔、口红、眼影

1. 面向学生坐下。
2. 谈论教师在整个活动中要做的事。
3. 给学生看一管唇膏,并讨论唇膏用在脸部的什么位置。
4. 在学生的注视下涂上唇膏。
5. 向学生展示眉笔,并谈论眉笔用在脸部的什么位置。
6. 用眉笔描眉。
7. 扬眉和低眉。
8. 用嘴巴表示"哇",同时扬眉和低眉。
9. 唱脸部歌:"眼睛、鼻子、嘴巴、下巴,这就是你所看到的我的脸。"
10. 随着学生注意时间的增长,增加其他的化妆品。

■ 9.03 根据身体的、脸部的、视觉的和触觉的线索,在唇语中读出自己的名字

活动主题:唇读练习
能力要求:走动、视力
兴趣水平:学前、小学
材料:卡片、奖励物

在手语教师的指导或帮助下实施或调整。

1. 让学生和助手以教师为中心围坐成半圆形。
2. 教师和助手一起示范学生将要做的事情。
3. 教师指向助手。
4. 让助手看着教师的嘴。
5. 教师以唇语说出助手的名字。
6. 让助手站起来。
7. 让大家为助手鼓掌并给予助手奖品。
8. 在教师指着一个学生并用唇语说出他(她)的名字的时候,让助手走向这个学生并扶起他(她),以便帮助学生了解当他们的名字被说出的时候,他们就要站起来。
9. 练习几遍。
10. 重复上述练习,但不再指向学生。这就迫使学生注意观察教师在用唇语说出谁的名字。
11. 如果学生辨认出了自己的名字并且自己站起来,对他(她)给予奖励。
12. 继续下去,直到每个学生都有2次机会。

■ 9.04 无须提示,在唇语中读出自己的名字

活动主题:唇读练习
能力要求:走动、视力
兴趣水平:学前
材料:小贴纸、助听器

1. 让学生面向教师围成半圆形坐在小椅子上。
2. 向学生展示漂亮的小贴纸。

3. 教师解释说：每个学生在观察和听出他们的名字后都可以获得一个小贴纸。
4. 不要看任何一个特定的学生，同时叫出一个学生的名字。
5. 等着学生做出回应。
6. 如果没有回应，一边重复一边直接看着这个学生。
7. 奖给这个学生一个小贴纸。
8. 重复同样的过程，让每个学生都有机会。

■ **9.05　以相同的物件作为线索，找到别人口头要求的物件**

活动主题：唇读练习

能力要求：视力

兴趣水平：学前

材料：2只狗、2只兔子、2只猫、2只鸭子、容器、助听器

1. 收集几对动物玩具。
2. 选形象逼真的动物玩具，让学生能通过触摸辨识。
3. 把所有的动物放进一个彩色的袋子、箱子或其他容器。
4. 把袋子举到靠近脸部的地方，等着学生看向教师。
5. 询问："你们认为我有可能在袋子里装了什么？"
6. 让学生摸一摸袋子里的东西，但不向袋子里看。
7. 拿出每一对动物玩具中的一个，同时用短语或短句谈论每一个玩具。
8. 把每个的动物玩具放在桌子上。
9. 让学生把某个指定的动物玩具从袋子里拿出来。
10. 把教师指定的那个动物玩具从桌子上拿掉，并把它举起来。
11. 等着学生把同样的玩具从袋子里拿出来。
12. 继续下去，直到袋子变空。
13. 把这个活动用于教师想介绍的任何物件。

■ **9.06　根据口头要求和动作提示，模仿别人的动作**

活动主题：唇读练习

能力要求：走动、视力

兴趣水平：学前

材料：助听器

1. 让学生面向教师围成半圆形坐在小椅子上。
2. 告诉学生："我们将要唱一首歌《如果你快乐》，但是首先让我们来练习一些动作。"
3. 询问是否有人记得"站起来"。
4. 看着每一个学生，拉着他们的手，一边重复他们的名字一边站起来，同时帮助他们站起来。
5. 对每个学生重复同样的练习，说："坐下。"
6. 问："有人记得拍手吗？"
7. 对每个学生重复"拍拍手"，同时鼓励他们模仿教师的拍手动作。
8. 问："有人记得跺脚吗？"
9. 对每个学生重复"跺跺脚"，同时鼓励他们模仿教师的跺脚动作。
10. 一边唱歌一边做动作："如果感到开心你就站起来；如果感到开心你就站起来；如果感到开心你的脸上当然会显现出来；如果感到开心你就站起来。"
11. 继续唱这首歌，并把"站起来"先后替换成"坐下去""拍拍手"和"跺跺脚"。

■ **9.07 根据口头要求和图片提示，找出某些物件**

活动主题：唇读练习

能力要求：视力、动手能力

兴趣水平：学前、小学

材料：大箱子、可以放在箱子里的物体、颜料、物体图片

1. 把一个大箱子涂色，使它看起来像一个财宝箱。然后把几个物体放进箱子里。
2. 画出这些物体的图片。
3. 把图片展示给学生。
4. 讨论图片中物体的名字。
5. 让学生找到并说出物体的名字。
6. 如果学生需要提示，给他（她）看一看图片。
7. 通过改变箱子里的物体来变换游戏。

9.08 根据口头要求和图片提示来模仿动作

活动主题：唇读练习

能力要求：走动、视力

兴趣水平：学前

材料：关于跳、吃、走路和睡觉的各2张图片、助听器、口袋图表

1. 把动作图片粘贴在卡片上。
2. 让学生面向教师围成半圆形坐在小椅子上。
3. 拿着这些卡片并且让卡片面向教师，让学生从中选一张。
4. 拿起学生所选的卡片，并且问学生："你看到卡片上在发生什么事？"
5. 问："你愿意跟我一起做这个动作吗？"
6. 把这张图片展示给学生。
7. 和学生一起表演这个动作。
8. 让每个学生练习一个新动作。
9. 每个学生做完动作后都为他（她）鼓掌。

9.09 根据口头要求和物体的轮廓提示，找到某个物体

活动主题：唇读练习

能力要求：走动、视力

兴趣水平：学前

材料：狗、兔子、猫、鸭子的轮廓图，玩具狗、兔子、猫、鸭子，助听器

1. 准备动物玩具和纸袋。
2. 在卡片上画出每个动物的轮廓。
3. 面向学生坐着。
4. 把动物玩具举到教师的脸旁并且等着学生看向教师。
5. 一边用短语和短句向学生描述，一边把单个的动物图片展示给学生。
6. 把动物玩具放在桌子上学生们够不到的地方。
7. 等着学生把注意力转向教师。
8. 告诉学生"拿一个……"，并说出动物的名字。
9. 给学生看一看这个动物的轮廓。

10. 重复让学生"拿一个……",并说出同一个动物的名字。
11. 对于站起来、重新找到这个动物玩具并把它放进袋子的学生给予表扬。
12. 继续下去,直到所有的动物都被放进袋子里。

■ 9.10 根据口头要求和动作轮廓的提示来模仿动作

活动主题:唇读练习
能力要求:走动、视力
兴趣水平:学前
材料:关于站、坐、吃、走路的轮廓像,助听器,插卡挂袋

1. 让学生面向教师坐在小椅子上,把插卡挂袋挂在教师旁边的墙上。
2. 一边用短语和短句描述动作图片,一边把他们放进插卡挂袋。
3. 做动作示范:首先告诉学生教师将要做什么,然后选择正确的图片并示范上面的动作。
4. 让学生跟教师一起走动。
5. 挑选关于走动的动作卡片并再次提问。
6. 和学生一起走动。
7. 用同样的方法练习所有的动作图片。
8. 借助相关的道具让学生参与,如:让学生戴着帽子站在箱子上或戴着帽子走动。

■ 9.11 无须视觉提示,根据口头要求找到某个物体

活动主题:唇读练习
能力要求:走动、视力
兴趣水平:学前
材料:常见的物体,如:球、玩具飞机、玩具狗、玩具猫、玩具鸭子

1. 教师面向学生站着。
2. 准备彩色收纳箱,以便从教室周围收集玩具并把它们装进去。
3. 告诉学生"我们在进行寻宝活动,我将要找到……",并说出玩具的名字。
4. 找到那个玩具。

5. 一边把玩具展示给学生,一边说"我找到了……",并说出玩具的名字。
6. 把玩具放进收纳箱。
7. 让学生"找到……",并说出一个不同的玩具名字。
8. 继续下去,直到学生开始分心。
9. 把玩具等物品放在教室里学生通常可以找得到的地方。
10. 使用学生熟悉的各种情境设置。
11. 把这个过程倒过来:让学生把收纳箱里的物品放回特定的地方。

■ **9.12 无须视觉提示,根据口头要求模仿动作**

活动主题:唇读练习

能力要求:走动、视力

兴趣水平:学前

材料:表现具体动作的图片、插卡挂袋

1. 把动作图片粘贴在卡片上。
2. 准备插卡挂袋。
3. 让学生面向教师坐在小椅子上。
4. 告诉学生:"我们将要观察和倾听。"
5. 一边看着某个学生,一边叫出他的名字,并等着他看向教师。
6. 把这个学生带到教师旁边。
7. 要求他做一个动作。
8. 学生做完动作后,把这个动作的图片交给他,并让他把图片放进插卡挂袋。
9. 继续下去,直到所有的动作都做完,或者直到学生的注意力开始分散。

■ **9.13 根据物体图片,指出别人口头描述的物体**

活动主题:唇读练习

能力要求:视力

兴趣水平:学前

材料:狗、猫、兔子、鸭子的图片

1. 教师隔着一张小桌子坐在学生对面。

2. 一边把图片展示给学生,一边描述这些图片。如:"这是一只狗。狗会汪汪叫。狗摸起来是柔软的。这只狗有一条长尾巴。"
3. 让学生挑选出教师所谈论的图片,如"哪个动物汪汪叫,还有一条长尾巴?"
4. 如果学生没做回应,挑选出正确的图片。
5. 继续用其他的图片来练习。

■ 9.14 根据手势提示,指出别人口头描述的物体

活动主题:唇读练习
能力要求:视力
兴趣水平:学前
材料:狗、猫、兔子、鸭子的图片
根据需要调整并修改。
1. 教师隔着一张小桌子坐在学生对面。
2. 一边把图片展示给学生,一边描述这些图片。如:"这是一只狗。狗会汪汪叫。狗摸起来是柔软的。这只狗有一条长尾巴。"
3. 让学生挑选出教师所谈论的图片,如"哪个动物汪汪叫,还有一条长尾巴?"
4. 如果学生没做回应,挑选出正确的图片。
5. 继续用其他的图片来练习。

■ 9.15 根据触觉提示,指出别人口头描述的物件

活动主题:唇读练习
能力要求:视力、动手能力
兴趣水平:学前
材料:玩具飞机、船、球、火车、消防车
1. 教师隔着一张小桌子坐在学生对面。
2. 把每个物件举到脸旁。
3. 等着学生看向教师,然后说出它是什么并描述它。
4. 让学生把手放在这个物件上并重复这个物件的名字。
5. 对所有的物件用同样的方式进行练习。

6. 把所有的物件都放在学生前面。
7. 让学生指向某个特定的物件(也许教师需要先示范)。
8. 如果学生做出了错误的回应,重新指导学生选出正确的物件。

■ **9.16** 根据面部表情的提示,指出别人口头描述的物体

活动主题:唇读练习

能力要求:视力、动手能力

兴趣水平:学前、小学

材料:60 cm×60 cm 的纸板、水彩笔或蜡笔

1. 在 60 cm×60 cm 的纸板上画出 5 张脸,脸上分别带有快乐的、难过的、生气的、困倦的和滑稽的表情。
2. 把"脸谱图表"放在插卡挂袋或黑板上。
3. 做出一个和图表上的表情相似的面部表情。
4. 让学生指出那张特定的"脸"。
5. 如果学生做出了错误的回应,指出正确的"脸"并重复刚才的面部表情。
6. 继续做出所有的表情。

■ **9.17** 无须提示,指出别人口头描述的物体

活动主题:唇读练习

能力要求:视力、手势语、动手能力

兴趣水平:学前

材料:手电筒

1. 发给一个学生手电筒。
2. 让另一个学生说出一个物体或身体部位的名字。
3. 告诉拿手电筒的学生把手电筒打开并指向被提到的物体。
4. 重复 5 次或者直到学生出错。
5. 如果学生出了错,指出正确的反应。
6. 交换角色并重复练习。

■ 9.18　观察说话人给出完整的一步式口头命令

活动主题：唇读练习

能力要求：视力

兴趣水平：学前

材料：熟悉的物件、容器

1. 把熟悉的物件装进袋子。
2. 面向学生、坐在同他们的眼部平行的高度。
3. 把袋子拿到脸旁。
4. 等着学生观察和倾听。
5. 让学生"选一个玩具"。
6. 把袋子伸向学生,以便让他(她)够到里面的物件。
7. 说出学生所选的物件是什么并对这个物件进行描述。
8. 用所有的物件重复练习,直到学生开始分心。

■ 9.19　根据身体的、面部的、视觉的和触觉的提示,服从一步式口头命令

活动主题：唇读练习

能力要求：走动、视力

兴趣水平：学前

材料：玩具球、火车、消防车、飞机、帆船

1. 准备玩具球、火车、消防车、飞机和帆船。
2. 教师面向学生、坐在同他们的眼部平行的高度。
3. 把物件举到脸旁,等着学生观察和倾听。
4. 告诉学生教师拿的物件是什么。
5. 让学生把手放在这个物件上并根据需要进行重复。
6. 把物件放在房间的不同地方,好像是把它们藏起来,但是让学生看得到。
7. 让学生"找到……"并说出这个物件的名字。
8. 对所有的物件用同样的方式进行练习。

9.20 根据一种提示，服从一步式口头命令

活动主题：唇读练习
能力要求：走动、视力、动手能力
兴趣水平：学前、小学
材料：大皮球

1. 让学生围成一圈。
2. 准备一个大皮球。
3. 使用手势和面部表情作为对一个口头命令的提示，如："扔""踢""滚动"或"把球传给……"并说出学生的名字。
4. 继续下去，直到所有的学生都有机会执行至少一个命令。
5. 为出错的学生示范正确的反应并重复这个命令。
6. 逐步减少提示，直到学生可以在无须提示的情况下对口头命令做出反应。

9.21 根据 2~3 种提示，服从一步式口头命令

活动主题：唇读练习
能力要求：走动、视力、动手能力
兴趣水平：学前、小学
材料：大皮球

1. 让学生围成一圈。
2. 准备一个大皮球。
3. 使用手势和面部表情作为对一个口头命令的提示，如："扔""踢""滚动"或"把球传给……"并说出学生的名字。
4. 继续下去，直到所有的学生都有机会执行至少一个命令。
5. 为出错的学生示范正确的反应并重复这个命令。
6. 逐步减少提示，直到学生可以在无须提示的情况下对口头命令做出反应。

9.22 无须提示，服从一步式口头命令

活动主题：唇读练习

能力要求：视力

兴趣水平：小学、中学

材料：帽子、蓝色鞋子等特色衣服

1. 让学生围成一个大圈站着。
2. 让一个学生充当侦探，发给他（她）一顶帽子和其他的特殊衣服。
3. 告诉他（她）教师在寻找穿着蓝色鞋子的人。
4. 告诉他（她）让没有穿蓝色鞋子的所有的学生都坐下。
5. 确保他（她）在看着教师，然后再给他（她）另外一个提示。
6. 继续让"侦探"根据每一个提示让一些学生坐下，直到除了一个学生外所有的学生都坐下。
7. 如果"侦探"误解了某个提示，把提示慢速重复一遍。
8. 对侦探的正确识别给予徽章奖励。
9. 让站着的学生做下一场活动的侦探。

■ 9.23　观看说话者给出整个的两步式口头命令

活动主题：唇读练习

能力要求：走动、视力、动手能力

兴趣水平：学前、小学

材料：物件若干、袋子

1. 把熟悉的物件装进袋子。
2. 教师面向学生、坐在同他们的眼部平行的高度。
3. 把袋子拿到脸旁。
4. 等着学生观察和倾听。
5. 让学生"选一个玩具"。
6. 把袋子伸向学生，以便让他（她）够到里面的物件。
7. 让学生说出所选的物件是什么并对这个物件进行描述。
8. 用所有的物件反复练习，或者直到学生开始分心。

■ 9.24　根据身体的、面部的、视觉的和触觉的提示，服从两步式口头命令

活动主题：唇读练习

能力要求：走动、视力、动手能力

兴趣水平：学前、小学

材料：大皮球

1. 让学生围成一圈。
2. 准备一个大皮球。
3. 使用手势和面部表情作为对一个口头命令的提示，如："扔""踢""滚动"或"把球传给……"并说出学生的名字。
4. 继续下去，直到所有的学生都有机会执行至少一个命令。
5. 为出错的学生示范正确的反应并重复这个命令。
6. 逐步减少提示，直到学生可以在无须提示的情况下对口头命令做出反应。

■ 9.25 无须提示，服从两步式口头命令

活动主题：唇读练习

能力要求：走动、视力、动手能力

兴趣水平：学前、小学

材料：帽子、特色衣服等

1. 让学生围成一个大圈站着。
2. 让一个学生充当侦探，发给他（她）一顶帽子和其他的特殊衣服。
3. 告诉他（她）教师在寻找穿着蓝色鞋子的人。
4. 告诉他（她）让没有穿蓝色鞋子的所有的学生都坐下。
5. 确保他（她）在看着教师，然后再给他（她）另外一个提示。
6. 继续让"侦探"根据每一个提示让一些学生坐下，直到除了一个学生外所有的学生都坐下。
7. 如果"侦探"误解了某个提示，把提示慢速重复一遍。
8. 对侦探的正确识别给予徽章奖励。
9. 让站着的学生做下一场活动的侦探。

■ 9.26 观看说话者给出整个的三步式口头命令

活动主题：唇读练习

能力要求:走动、视力、动手能力

兴趣水平:学前、小学

材料:物件若干、袋子等

1. 把熟悉的物件装进袋子。
2. 教师面向学生,坐在同他们的眼部平行的高度。
3. 把袋子拿到脸旁。
4. 等着学生观察和倾听。
5. 让学生"选一个玩具"。
6. 把袋子伸向学生,以便让他(她)够到里面的物件。
7. 说出学生所选的物件是什么并对这个物件进行描述。
8. 用所有的物件反复练习,或者直到学生开始分心。

9.27 在一些提示下服从三步式口头命令

活动主题:唇读练习

能力要求:走动、视力、动手能力

兴趣水平:学前、小学

材料:大皮球

1. 让学生围成一圈。
2. 准备一个大皮球。
3. 使用手势和面部表情作为对一个口头命令的提示,如:"扔""踢""滚动"或"把球传给(学生的名字)"。
4. 继续下去,直到所有的学生都有机会执行至少一个命令。
5. 为出错的学生示范正确的反应并重复这个命令。
6. 逐步减少提示,直到学生可以在无须提示的情况下对口头命令做出反应。

9.28 无须提示,服从三步式口头命令

活动主题:唇读练习

能力要求:走动、视力、动手能力

兴趣水平:学前、小学

材料:帽子、特色衣服等

1. 让学生围成一个大圈站着。
2. 让一个学生充当侦探,发给他(她)一顶帽子和其他的特殊衣服。
3. 告诉他(她)你在寻找穿着蓝色鞋子的人。
4. 告诉他(她)让没有穿蓝色鞋子的所有的学生都坐下。
5. 确保他(她)在看着教师,然后再给他(她)另外一个提示。
6. 继续让"侦探"根据每一个提示让一些学生坐下,直到除了一个学生外所有的学生都坐下。
7. 如果"侦探"误解了某个提示,把提示慢速重复一遍。
8. 对侦探的正确识别给予徽章奖励。
9. 让站着的学生做下一场活动的侦探。

9.29 服从包含熟悉词语的口头命令

活动主题:唇续练习
能力要求:视力、动手能力
兴趣水平:学前、小学
材料:奖励卡

1. 指着一个学生。
2. 用学生熟悉的词语向他发出口头命令。
3. 对学生的正确反应给予奖励。
4. 把命令增加到 2～3 部分。
5. 提供视觉线索,如:根据需要举起手指分别表示命令的几个组成部分。
6. 让所有学生都有机会接受命令。
7. 你还可以向小组发出命令。

9.30 服从包含一个生词的口头命令

活动主题:唇读练习
能力要求:视力、动手能力
兴趣水平:学前、小学
材料:60 cm×60 cm 的纸板、水彩笔、蜡笔、小型玩具汽车

1. 在一个 60 cm×60 cm 的游戏板上画 4 个不同颜色的车库。

2. 画出 4 条通向车库的道路。
3. 提供玩具汽车。
4. 在玩游戏之前描述车库的颜色。
5. 示范怎样开车去车库。
6. 让学生"开车去蓝色车库"。
7. 为正确的反应计分。
8. 如果学生做出了错误的反应,指向正确的车库并重复发出指令。
9. 使用其他颜色加以变换。
10. 指出获得 10 分的学生就是获胜者。

■ 9.31 服从包含两个生词的口头命令

活动主题:唇读练习
能力要求:视力、动手能力
兴趣水平:小学、中学
材料:60 cm×60 cm 的纸板、剪刀、彩色图画纸

1. 制作带有红色和黄色的圆形、正方形和三角形的 60 cm×60 cm 的游戏板。
2. 用图画纸剪出另外的一些红色和黄色的圆形、正方形和三角形。
3. 讨论颜色和形状的名字。
4. 把不同的形状放在桌子上。
5. 让学生"把红色的正方形放在黄色的圆形上"。
6. 如果学生需要提示,指向颜色或形状。
7. 变换指令,让学生用各种颜色和形状来练习。
8. 增加其他的颜色和(或)形状。

■ 9.32 服从包含两个以上生词的口头命令

活动主题:唇读练习
能力要求:走动、视力、动手能力
兴趣水平:学前、小学
材料:各种形状的游戏板

根据需要改编调整。

1. 制作带有红色和黄色的圆形、正方形和三角形的 60 cm×60 cm 的游戏板。
2. 用图画纸剪出另外的一些红色和黄色的圆形、正方形和三角形。
3. 讨论颜色和形状的名字。
4. 把不同的形状放在桌子上。
5. 让学生"把红色的正方形放在黄色的圆形上"。
6. 如果学生需要提示,指向颜色或形状。
7. 变换指令,让学生用各种颜色和形状来练习。
8. 增加其他的颜色和(或)形状。

■ **9.33** 区分只有一个词语之差的句子,这个词语是明显的、看起来不相似的

活动主题: 唇读练习
能力要求: 视力、语言、动手能力
兴趣水平: 小学、中学
材料: 抽认卡

1. 制作或准备带有配对图片的抽认卡,图片中的词语只有一词之差。
2. 和学生们一起复习图片中物体的名字。
3. 把所有的卡片发给学生们。
4. 问:"你有一个(图片中物体的名字)吗?"
5. 如果学生回答"有",让他"放弃"这张卡片。
6. 如果学生回答"没有",可以轮到他索要卡片。
7. 如果学生需要视觉提示,向他展示卡片上的图片。
8. 继续下去,直到所有的卡片都被配对。
9. 获得最多对卡片的学生就是获胜者。

■ **9.34** 区分只有一个词语之差的句子,这个词语是明显的、看起来相似的

活动主题: 唇读练习
能力要求: 视力、动手能力
兴趣水平: 学前、小学
材料: 3 只纸质的熊、毛巾、勺子

1. 剪出 3 只大小不同的熊,并为它们涂色。
2. 准备一个勺子和一条毛巾。

3. 讨论这 3 只熊的名字:"爸爸、妈妈和宝宝"。
4. 示范如何给熊洗澡、喂食和拥抱。
5. 使用简单的指令,如:"喂一喂妈妈熊""抱一抱爸爸熊"和"给宝宝熊洗澡"。
6. 如果学生做出了错误的回应,示范正确的做法。
7. 教师还可以扩充指令和使用不同的任务。

■ 9.35 参加关于一个已知话题的简短会话

活动主题:唇读练习
能力要求:走动、视力、动手能力
兴趣水平:学前、小学

1. 告诉学生一个词语。
2. 让学生重复这个词语。
3. 把这个词语用在短语中。
4. 让学生重复这个短语。
5. 向学生询问带有这个短语的问题。
6. 鼓励学生回答问题。
7. 继续会话并逐步取消提问。
8. 可以使用不同的关键词。

■ 9.36 参加关于一个已知话题的冗长会话

活动主题:唇读练习
能力要求:走动、视力、动手能力
兴趣水平:学前、小学

1. 告诉学生一个词语。
2. 让学生重复这个词。
3. 把这个词语用在短语中。
4. 让学生重复这个短语。
5. 向学生询问带有这个短语的问题。
6. 鼓励学生回答问题。
7. 继续会话并逐步取消提问。
8. 可以使用不同的关键词。

第十章　发音 II

在有意义的和无意义的组合中对所有的声母和韵母进行发音

行为标识

漏掉字词中的发音

在字词中用一种发音代替另一种发音

读字词时发出异常的读音

用鼻音发声

发音无效

发音含糊不清

咬舌发音

不能听出自己或别人的讲话中那些被漏掉的、被替代的或者异常的发音

不能区分平舌音和卷舌音,前鼻音和后鼻音

说话时声音太大或太小

说话时音调单一

说话时语调变化刻板

10.01 发出单韵母 a、o、e 的音

活动主题：发音练习

能力要求：视力、听力、语言

兴趣水平：学前、小学、青少年、成年人

材料：卡片、大镜子、奖品、语言册

1. 和学生一起站在大镜子前面，以便让学生获得视觉反馈。
2. 一次教学生发一个音。示范发音方法、发音位置和气息控制。
3. 向学生展示带有清晰图像的卡片，卡片上面画有发单韵母时的口型（如图 10 - 1）。

图 10 - 1

4. 把卡片放在学生的嘴前，让他（她）模仿上面的口型和教师的发音。
5. 强调正确的发音位置。
6. 用"星星"作为奖励强化物。
7. 告诉学生当他集齐了 20 个"星星"，他就可以获得一份奖品。
8. 每次只教一个，直到学生学会。

10.02 发出单韵母 i、u、ü 的音

活动主题：发音练习

能力要求：视力、听力、语言

兴趣水平：学前、小学、中学

材料：照片

1. 准备一些照片，上面显示某人正在发单韵母 i、u、ü。
2. 给学生看一些韵母卡片。
3. 根据学生情况，可以给学生示范每张卡片的发音。
4. 让学生读出卡片上的韵母。

5. 拿走卡片。
6. 让学生背诵所有的单韵母。

■ 10.03 用声母 b 和单韵母连读组成无意义的音节

活动主题：发音练习
能力要求：听力、语言
兴趣水平：学前、小学
材料：手机歌曲伴奏音乐

1. 选择熟悉的曲调，如：《一闪一闪小星星》。
2. 把歌词替换成想要的音节。
3. 使用"b"和单韵母"a"搭配，把每个音节都唱作"ba"。
4. 在第二段歌词中使用单韵母"o"，把每个音节都唱作"bo"。
5. 还可以改变每一行歌词的尾音，唱作"ba"，并且把其余每个音节都唱作"bi"。
6. 一行一行地唱，并让学生模仿。
7. 让学生为下一个音节提建议，并逐渐让学生来领唱。

■ 10.04 用所有的单韵母和 b,p 组成有意义的音节

活动主题：发音练习
能力要求：听力、听力、语言、动手能力
兴趣水平：学前、小学
材料：镜子、扑克、筹码、剪刀、纸、张贴物

1. 确保学生掌握了所有单韵母的发音。
2. 教给学生怎样发双唇音"p"——双唇并拢，让气流通过双唇迅速排出。
3. 如果学生的唇位不正确，用你的手指帮他把嘴唇合在一起。
4. 把一张纸条放在学生嘴前，让他练习用嘴巴发出的气流使纸条弯下去。
5. 如果学生能独立正确地发"p"音，继续让他模仿"p"和所有单韵母的组合发音。
6. 说"pa、po、pi、pu"图片配合（趴下、山坡、啤酒、扑通），让学生练习，如 p—a—pa(趴下)。

7. 出示图片(卡通猪八戒)教学生发"ba"中的"b"音。

8. 如果学生能独立正确地发"b"音,继续让他模仿"b"和所有单韵母的组合发音。

9. 说"ba、bo、bi、bu",图片配合(八戒、萝卜、铅笔、布娃娃),让学生练习,如b—a—ba(八戒)。

10. 帮助学生感受发"p"和"b"音时气流的强弱。手放在嘴巴前 5 cm 左右处,发"p"和"b"音感受。

11. 对于学生的每一次正确模仿都用扑克筹码或代币来加以强化。

12. 让学生用筹码来交换张贴物。

■ **10.05** 用所有的单韵母和 b、p、m、f 组成的无意义的音节

活动主题: 发音练习

能力要求: 听力

兴趣水平: 学前、小学

材料: 积木

1. 把 10 块积木放在桌上的盒子里。

2. 隔着一张较窄的桌子坐在学生对面。

3. 一边发音一边把积木举到你的脸旁。

4. 发音之后,把积木放在桌子上,并拿起另一块儿积木。

5. 继续以同样的方法用积木造塔。

6. 把积木碰倒或者允许学生按指令把积木碰倒。

7. 拿起积木进行重复操作。

8. 如果学生发出了近似的音节并搭建积木,对他们进行表扬。

9. 如果学生不回应也不搭建积木,重复要求他们。

10. 继续下去,并逐渐要求学生的发音更接近教师的发音。

■ **10.06** 发出单韵母四声调

活动主题: 发音练习

能力要求: 听力、语言

兴趣水平: 学前、小学

1. 猜口型,教师张大嘴巴,或把嘴巴变成圆圆的,让学生猜一要发什么音。
2. 学生复习单韵母口诀:

    单韵母,很重要,发音口形要摆好,嘴巴张大 aaa,嘴巴圆圆 ooo,嘴巴扁扁 eee,牙齿对齐 iii,嘴巴突出 uuu,嘴吹口哨 üüü。

3. 教师出示加了四声的单韵母"ō ó ǒ ò",示范朗读:四个宝宝戴上了不同的帽子,非常漂亮! o 戴上了第一顶平平的一声帽子,读音也是平平的,就像大公鸡叫喔喔,请同学跟老师读。教师发音,手势助读。
4. o 戴上了第二顶从左下到右上的二声帽子,声音从中间向上升,声音扬起来,教师领读,用手势助读。
5. o 戴上了第三顶由高到低再到高的三声帽子。声音先降下来再升高,用手势助读。
6. o 戴上了第四顶从左上到右下的四声帽子,读时声音是从高处降下来的。用手势助读。
7. 玩大声小声游戏,规则是:我大声你小声,或相反。教师和学生通过游戏练习其他单韵母四声调。

    四声口诀:
    一声起音高高一路平
    二声由低到高往上扬
    三声先降后升拐个弯
    四声从高到低往下降

10.07 用声母 d 和单韵母组成的无意义的音节

活动主题:发音练习
能力要求:视力、听力、语言、动手能力
兴趣水平:学前、小学
材料:用纸板剪成的圆、转盘

1. 复习单韵母,让学生能正确读出。

2. 用纸板剪出直径为 15 cm 的圆,以便制作大转盘。
3. 把这个圆分成 6 等份,并分别写上 b、p、m、f、d、t。
4. 再用纸板剪出直径为 10 cm 的圆,分成 6 份,每一格里写一个单韵母,韵母转盘放在声母大转盘上,圆心重叠。
5. 转动韵母小转盘,看 d 对应的韵母。(单韵母 o 和 ü 不能与 d 组合,转到时也可以跳过不读)
6. 让学生说说组合的读音。
7. 每个正确的读音得一分。
8. 可以换声母与韵母的组合。
9. 让学生用得到的分数交换奖励物。

■ 10.08　用声母 t 和单韵母组成的无意义的音节

活动主题:发音练习
能力要求:视力、听力、语言、动手能力
兴趣水平:学前、小学
材料:用纸板剪成的圆、蜡笔、转盘

1. 复习单韵母,让学生能正确读出。
2. 用纸板剪出直径为 15 cm 的圆,以便制作大转盘。
3. 把这个圆分成 6 等份,并分别写上 b、p、m、f、d、t。
4. 再用纸板剪出直径为 10 厘米的圆,分成 6 份,每一格里写一个单韵母,韵母转盘放在声母大转盘上,圆心重叠。
5. 转动韵母小转盘,看 t 对应的韵母。(单韵母 o 和 ü 不能与 t 组合,转到时也可以跳过不读)
6. 让学生说说,组合的读音。
7. 每个正确的读音得一分。
8. 可以换声母与韵母的组合。
9. 让学生用得到的分数交换奖励物。

■ 10.09　用声母 n、l 和单韵母组成的无意义的音节

活动主题:发音练习

第十章　发音 II

能力要求：听力、语言
兴趣水平：小学
材料：黑板、粉笔、纸、笔

1. 在纸的边缘处纵向写出单韵母 a、o、e、i、u、ü。
2. 让学生正确读出。
3. 在这些字母左边的一个方格中写出学生现在所学的一个声母 n。
4. 把左边的 n 同右边的单韵母用几条虚线连接起来。
5. 让学生说出每个组合(na,no,ne,ni,nu,nü)的发音。(no 普通话里没有,只有方言有发音,可以把连起来的虚线擦掉)
6. 如果学生的发音不正确,示范正确的发音。
7. 让学生反复练习。
8. 再练习声母 l,方法同上。

10.10　用声母 d、t、n、l 和单韵母组成的无意义的音节

活动主题：发音练习
能力要求：视力、听力、语言、动手能力
兴趣水平：小学
材料：日历本、水彩笔、图画纸

1. 用声母 d、t、n、l 和单韵母分别制作两本日历。
2. 两位学生上前,同时翻两本日历。
3. 其他学生读出声母与单韵母组成的音节。
4. 如果学生的发音不正确,教师示范正确的发音。
5. 也可以学生一个人进行游戏。边翻边读。
6. 让学生反复练习。(拼读的形式上,要增加儿歌,让学生在完整情境中辨音拼读,拼音教学的核心理念——语境歌和情境图)

10.11　发出复韵母 ai、ei、ui 的音

活动主题：发音练习
能力要求：视力

兴趣水平:学前、小学

材料:卡片、大镜子、奖品

1. 教师和学生玩猜一猜游戏。

2. 出示单韵母 a、e、u、i 卡片。

3. 教师做出发单韵母的口形,但是不发出声音,学生猜猜发的是哪一个。

4. 如果学生都能猜对,增加难度,教师先后做出两个单韵母的口形,学生猜一猜。猜对了,教师读出相应的复韵母。

5. 学生跟读复韵母 ai、ei、ui,注意口形。

6. 教师出示儿歌:

    复韵母,真有趣,两个单韵母在一起。看前音摆口形,口形变化要注意,快速向后滑过去,合成一个音莫忘记。

7. 用"大声小声"游戏,练习复韵母 ai、ei、ui 的四声。

■ **10.12　发出复韵母 ao、ou、iu 的音**

活动主题:发音练习

能力要求:视力

兴趣水平:学前、小学

材料:卡片、奖品

1. 准备老鹰、海鸥、海豚图片,配上复韵母 ao、ou、iu。

2. 教师出示图片,并且示范朗读复韵母:老鹰翱翔——ao、ao、ao,海鸥低飞——ou、ou、ou,海豚游泳——iu、iu、iu。

3. 再次出示图片,教师读前面词语,学生跟读复韵母。

4. 如果读错,教师再次示范。

5. 用"大声小声"游戏,练习复韵母 ao、ou、iu 的四声。

6. 学生猜一猜。

7. 教师出示动物剪影的卡片,说说是什么动物——猫、狗、牛。

8. 学生根据出示的图片抢答。

9. 教师让学生把图片贴在黑板上,连线的方法,把动物和上面的复韵母连起来。

10. 读出正确的组合。

■ 10.13 发出复韵母 ie、üe、er 的音

活动主题：**发音练习**
能力要求：视力、听力
兴趣水平：学前、小学
材料：图片、卡片、信封

1. 出示椰树、月亮、耳朵的图片，学生说一说看到了什么。
2. 练习读复韵母 ie、üe、er。
3. 用"大声小声"游戏，练习复韵母 ie、üe、er 的四声。
4. 收信游戏巩固发音练习。
5. 教师："这里有几封信，想请邮递员来帮我送一送，收到信的同学只要把信念出来，这封信就是你的。"
6. 学生齐说："丁零零，丁零零，邮递员阿姨（叔叔）来送信，小小信封谁收到，请你念给大家听。"
7. 在学生说儿歌的同时，老师或老师请一位学生来给大家分发卡片。发到卡片的学生就上台举起卡片带领大家读。如果这位学生读对了，就跟他读，并说："对对对，快收信。"如果错了，就说："错错错，没人收。"然后请一位学生来帮助这位有困难的学生进行认读。

■ 10.14 发出鼻韵母 an，en 的音

活动主题：**发音练习**
能力要求：视力、听力
兴趣水平：学前、小学
材料：图片、卡片、拼音字母做成的头饰

1. 教师出示韵母卡片，给两个学生带上头饰，大家叫他们小 an 和小 en。
2. 示范复韵母 an、en 的读音。
3. 学生开火车跟读。

4. 用"大声小声"游戏,练习复韵母 an、en 的四声。
5. 让四个学生分别带 d、t、n、l 头饰。
6. 小 an 先出来找朋友。
7. 让小 an 跑上台说:"小朋友,我是 an。"其他学生再跑上台说:"小朋友,我是 d。我们拍拍手做好朋友,请大家把我们拼出来!"
8. 两人拍拍手后,下面的小朋友大声地拼出"dan"这个音节。
9. 继续游戏。
10. 直到小 en 也完成找朋友游戏。

■ 10.15　发出鼻韵母 in、un、ün 的音

活动主题: 发音练习
能力要求: 视力、听力、动手能力
兴趣水平: 学前、小学
材料: 图片、卡片、记分牌

1. 学生跟着老师一起做比赛记分牌(老师的可以用 A4 纸做的大一些,学生的做一半大),左边 a、e、i、u、ü,右边是一张 n。
2. 教师翻动左边的记分牌,和右边拼成前鼻韵母 an、en、in、un、ün。
3. 复习 an、en,学生读出正确读音。
4. 教师示范朗读 in、un、ün,学生跟读,开火车读。
5. 让学生来翻记分牌,其他学生正确朗读。
6. 做顺耳风游戏。比一比,看谁的耳朵最灵,是顺风耳。
7. 每个学生准备好记分牌。
8. 老师或小老师报音,其他同学翻记分牌找出相应的韵母组合,边举手边迅速读出来"找到了,找到了 in、in、in"。

■ 10.16　发出鼻韵母 ang、eng、ing、ong 的音

活动主题: 发音练习
能力要求: 视力、听力、动手能力
兴趣水平: 学前、小学

材料：图片、卡片、记分牌

1. 学生跟着老师一起做比赛记分牌（老师的可以用 A4 纸做得大一些，学生的做一半大），左边 a、e、i、o，右边是一张 ng。
2. 教师翻动左边的记分牌，和右边拼成后鼻韵母 ang、eng、ing、ong。
3. 教师用手演示，帮助生理解 ng 发音：舌根高抬，舌尖抵住下牙床，鼻子出气。
4. 记分牌翻到 a 和 ng，让学生两个音连起来发，然后在翻 e、i、o 和 ng，连起来发音。
5. 教师越翻越快，要求学生越读越快。
6. 做顺耳风游戏。比一比，看谁的耳朵最灵，是顺风耳。
7. 每个学生准备好记分牌。
8. 老师或小老师报音，其他同学翻记分牌找出相应的韵母组合，边举手边迅速读出来"找到了，找到了 ang、ang、ang"。

10.17　区分前后鼻韵母发音

活动主题：发音练习
能力要求：视力、听力、动手能力
兴趣水平：学前、小学
材料：废旧材料做的红色爆竹筒、卡片、绕口令儿歌

1. 做放鞭炮游戏。
2. 把需要认读的相关卡片放入一个红色的爆竹筒内。
3. 教师提示："老师这里有一个大鞭炮，如果你读对了鞭炮里的韵母，鞭炮就点燃了。谁想来试一试？"
4. 学生齐读："节日到，放鞭炮。什么炮？"
5. 一位学生上来抽出卡片，举起卡片读，读完后去点爆竹。
6. 如果读对了，下面的学生跟他一起读，并模拟爆竹的声音："嘭——啪"，如果读错了，就模拟哑炮的声音："嗤——"
7. 练习绕口令：

　　　　小青和小琴，小琴手很勤，小青人很精，手勤人精，琴勤青精。你是学小琴还是学小青？

十字路口红绿灯,红黄绿灯分得清,红灯停,绿灯行,黄绿灯亮向左行,行停停行看灯明。

是灯还是星,天上满天星,地上满山灯,满天星亮满天庭,满山灯接满天星。星映灯,灯映星,分不清是灯还是星。

■ 10.18 用声母 g 和单韵母组成的无意义的音节

活动主题:发音练习
能力要求:视力、听力、语言、动手能力
兴趣水平:学前、小学
材料:手机歌曲伴奏音乐

1. 选择熟悉的曲调,如:《一闪一闪小星星》。
2. 把歌词替换成想要的音节。
3. 使用 g 和单韵母 a 搭配,把每个音节都唱作 ga。
4. 在第二段歌词中使用单韵母 e,把每个音节都唱作 ge。
5. 还可以改变每一行歌词的尾音,唱作 ga,并且把其余每个音节都唱作 gu。
6. 一行一行地唱,并让学生模仿。
7. 让学生为下一个音节提建议,并逐渐让学生来领唱。
8. 用大声小声游戏进行四声练习。

■ 10.19 用声母 k 和单韵母组成的无意义的音节

活动主题:发音练习
能力要求:视力、听力、语言
兴趣水平:学前、小学
材料:压舌板、镜子

1. 使用 10.08 中的转盘练习 t 的发音。
2. 教师示范用 k 代替,继续转盘游戏。
3. 让学生感受 t 和 k 发音的不同。
4. 如果学生能发 t 不能发好 k,可以用压舌板按住学生的舌尖,发 t。
5. 当学生能发好 k 的音,让学生进行转盘练习。

6. 用大声小声的游戏,进行四声练习。

■ **10.20 用声母 h 和单韵母组成的无意义的音节**

活动主题:发音练习
能力要求:视力、听力、语言
兴趣水平:学前、小学
材料:卡片

1. 出示三种不同的表情,如图 10 – 2。

图 10 – 2

2. 每出现一种表情,教师配上发音,呵呵呵,哈哈哈,呼呼呼。
3. 学生跟着配音,直到出示表情图片,学生能独立配音。
4. 根据表情图片,进行四声练习。

■ **10.21 用声母 j、q、x 和单韵母组成的无意义的音节**

活动主题:发音练习
能力要求:视力、听力、语言
兴趣水平:学前、小学
材料:拼音字母卡片、苹果树模型、磁性黑板、苹果图片

1. 教师把大果树图片贴在磁性黑板上。
2. 再剪好几个能贴在果树上的苹果。在苹果上写好声母和音节,j、q、x、ji、qi、xi、ju、qu、xu。
3. 老师读一个拼音字母,如 j,学生到大果树上所有的苹果里找到写有 j 的苹果摘下,并读一读。

4. 等学生熟练了,可以让学生任意摘下一个苹果,再说说摘下了一只什么苹果。

5. 继续游戏。可以不断提高难度,如让学生找到韵母 i 或 ü 的苹果。

■ **10.22　用声母 z、c、s 和单韵母组成的无意义的音节**

活动主题:发音练习

能力要求:视力、听力、语言

兴趣水平:学前、小学

1. 教师示范对比朗读,z—zi,c—ci,s—si。
2. 学生开火车跟读。
3. 提示学生,声母 z、c、s 要读得轻短些,整体认读音节 zi、ci、si 要读得响亮些,长些。
4. 教师和学生做传话游戏,把学生分成三组。
5. 教师和每组第一个学生耳语,然后学生传话。
6. 每组最后一个学生到前面大声说出听到的发音。
7. 在学生掌握的基础上,逐渐加入声母 z、c、s 和单韵母 a、e、u 拼读的音节发音。
8. 练习整体认读音节 zi、ci、si 的四声。

■ **10.23　用声母 zh、ch、sh、r 和单韵母组成的无意义的音节**

活动主题:发音练习

能力要求:视力、听力、语言

兴趣水平:学前、小学

1. 教师出示配上图片的词语并示范朗读,侄子、池子、柿子(也可用狮子)、日子(zh、ch、sh、r)。
2. 教师和学生尝试用这些词语来编写故事,词语顺序随意。
3. 让学生把编好的故事画下来。并讲给同伴听。
4. 提高练习的难度。教师可以加入象声词:滋滋、呲呲、嘶嘶(z、c、s)。
5. 让学生把这些表示声音的词语也编进去。并用文字泡泡添到图画上。

第十章　发音 Ⅱ

■ **10.24　声母和单韵母拼读练习**

活动主题:发音练习

能力要求:视力、听力、语言

兴趣水平:小学、中学

材料:100 张 8 cm×12 cm 的卡片、水彩笔、图画纸、小型赛车

1. 把 23 个声母,6 个单韵母
2. 准备 50 张写有字词及音节的卡片,这些字词有 23 个声母,6 个单韵母拼成。
3. 准备游戏板。
4. 为每个选手准备"赛车"。
5. 把 2～4 个学生带到游戏板前。
6. 让学生抽一张卡片并读出上面的字词或音节。
7. 如果学生读对了,他们就可以旋转箭头并按照上面所显示的数字前进相应的位置(如图 10-3)。

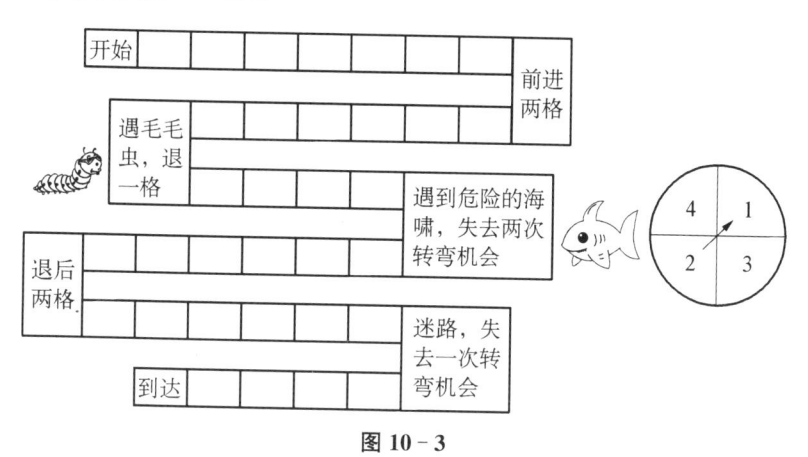

图 10-3

8. 如果学生读错了,他们就失去了机会。
9. 把所有的卡片都放回这堆卡片的底下。
10. 第一个把"赛车"开到终点线的学生就是获胜者。

■ **10.25　用声母 b、p、m、f、d、t、n、l 和复韵母组成无意义的音节**

活动主题:声母韵母拼读练习

能力要求：听力、语言

兴趣水平：小学、中学

材料：拼音卡片

1. 学生进行开火车游戏。
2. 将声母 b、p、m、f、d、t、n、l 和韵母 ai、ei、ui、ao、ou、iu、ie、üe、er 分为两列"火车"。
3. 如火车头 b 一出现，接着是持"p、m、f、d、t、n、l"等声母卡片的同学陆续走上讲台。每人右手搭在前一个学生的肩上，左手将字母卡片面向同学举起。
4. 火车头发出"呜……"的一声后，每个学生按声母顺序读出自己手中字母的发音，最后唱着字母歌回到座位上。
5. 另一列火车的车头是 ai，然后是 ai、ei、ui、ao、ou、iu、ie、üe、er。练习方法和前面的一样。
6. 开展声母找朋友游戏。
7. 先有火车头 b 到前面，嘴里说："b 的朋友在哪里？"
8. 另一列复韵母火车，可以拿着卡片的学生可以抢着去做朋友。
9. 站到 b 左边，一边说："b 的朋友在哪里，ai、bai，白菜的白。"

10.26 用声母 b、p、m、f、d、t、n、l 和鼻韵母组成无意义的音节

活动主题：声母韵母拼读练习

能力要求：听力、语言

兴趣水平：小学、中学

材料：拼音卡片

1. 学生先进行开火车游戏。将声母 b、p、m、f、d、t、n、l 和鼻韵母 an、en、in、un、ün、ang、eng、ing、ong 分为两列"火车"。
2. 如火车头 b 一出现，接着是持"p、m、f、d、t、n、l"等声母卡片的同学陆续走上讲台。每人右手搭在前一个学生的肩上，左手将字母卡片面向同学举起。
3. 火车头发出"呜……"的一声后，每个学生按声母顺序读出自己手中字母的发音，最后唱着字母歌回到座位上。
4. 另一列火车的车头是 an，然后是、en、in、un、ün、ang、eng、ing、ong。练习方法和前面的一样。

5. 声母火车 b 的学生当小老师进行顺风耳游戏。说出自己要找的音,如:"是 in 不是 ing。"
6. 鼻韵母火车组的同学 in 听到后,要马上答应:"我是 in 不是 ing。"
7. 站到 b 左边,一边说:"我们是 binbin,我们不是 bingbing。"
8. 继续活动,直到大家都轮到。

■ **10.27 用声母 g、k、h、j、q、x 和复韵母组成无意义的音节**

活动主题:声母韵母拼读练习
能力要求:听力、语言
兴趣水平:小学、中学
材料:拼音卡片

1. 学生进行开火车游戏。将声母 g、k、h、j、q、x 和韵母 ai、ei、ui、ao、ou、iu、ie、üe、er 分为两列"火车"。
2. 如火车头 g 一出现,接着是持"k、h、j、q、x"等声母卡片的同学陆续走上讲台。每人右手搭在前一个学生的肩上,左手将字母卡片面向同学举起。
3. 火车头发出"呜……"的一声后,每个学生按声母顺序读出自己手中字母的发音,最后唱着字母歌回到座位上。
4. 另一列火车的车头是 ai,然后是 ai、ei、ui、ao、ou、iu、ie、üe、er。练习方法和前面的一样。
5. 开展声母找朋友游戏。
6. 先有火车头 g 到前面,嘴里说:"g 的朋友在哪里?"
7. 另一列复韵母火车,可以拿着卡片的学生可以抢着去做朋友。
8. 站到 g 左边,一边说:"g 的朋友在哪里,ai,gai,盖子的盖。"

■ **10.28 声母和复韵母拼读练习**

活动主题:拼读音节练习
能力要求:视力、听力、语言
兴趣水平:小学、中学
材料:100 张 8 cm×12 cm 的卡片、水彩笔、图画纸、小型赛车

1. 准备50张写有字词及音节的卡片,这些字词有23个声母,9个复韵母拼成。
2. 准备游戏板。
3. 为每个选手准备"赛车"。
4. 把2~4个学生带到游戏板前。
5. 让学生抽一张卡片并读出上面的字词或音节。
6. 如果学生读对了,他们就可以旋转箭头并按照上面所显示的数字前进相应的位置(如图10-4)。
7. 如果学生读错了,他们就失去了机会。
8. 把所有的卡片都放回这堆卡片的底下。
9. 第一个把"赛车"开到终点线的学生就是获胜者。

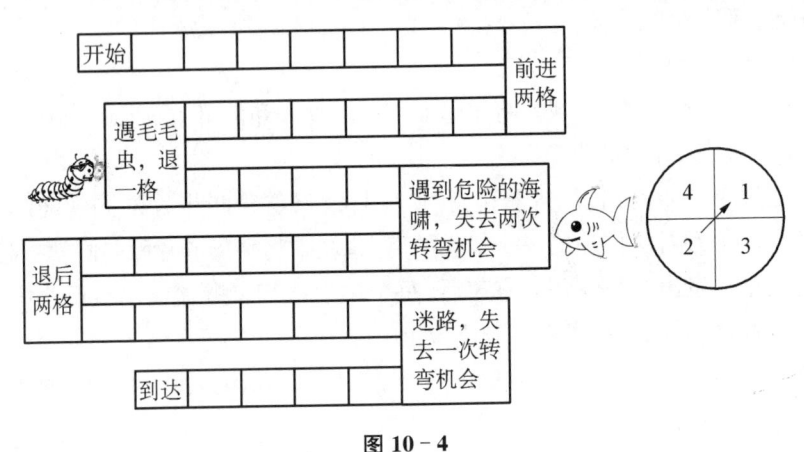

图 10 - 4

10.29 用声母 g、k、h、j、q、x 和鼻韵母组成无意义的音节

活动主题: 声母、韵母拼读练习

能力要求: 听力、语言

兴趣水平: 小学、中学

材料: 拼音卡片

1. 学生先进行开火车游戏。将声母 g、k、h、j、q、x 和鼻韵母 an、en、in、un、ün、ang、eng、ing、ong 分为两列"火车"。
2. 如火车头 g 一出现,接着是持"k、h、j、q、x"等声母卡片的同学陆续走上讲台。每人右手搭在前一个学生的肩上,左手将字母卡片面向同学举起。

3. 火车头发出"呜……"的一声后,每个学生按声母顺序读出自己手中字母的发音,最后唱着字母歌回到座位上。
4. 另一列火车的车头是 an,然后是 en、in、un、ün、ang、eng、ing、ong。练习方法和前面的一样。
5. 声母火车 g 的学生当小老师进行顺风耳游戏。说出自己要找的音,如:"是 an 不是 ang。"
6. 鼻韵母火车组的同学 an 听到后,要马上答应:"我是 an 不是 ang。"
7. 站到 g 左边,一边说:"我们是 gangan,我们不是 ganggang。"
8. 继续活动,直到大家都轮到。

10.30 用声母 z、c、s、zh、ch、sh、r 和复韵母组成无意义的音节

活动主题:声母韵母拼读练习
能力要求:听力、语言
兴趣水平:小学、中学
材料:拼音卡片

1. 学生进行开火车游戏。
2. 将声母 z、c、s、zh、ch、sh、r 和韵母 ai、ei、ui、ao、ou、iu、ie、üe、er 分为两列"火车"。
3. 如火车头 z 一出现,接着是持"c、s、zh、ch、sh、r"等声母卡片的同学陆续走上讲台。每人右手搭在前一个学生的肩上,左手将字母卡片面向同学举起。
4. 火车头发出"呜……"的一声后,每个学生按声母顺序读出自己手中字母的发音,最后唱着字母歌回到座位上。
5. 另一列火车的车头是 ai,然后是 ai、ei、ui、ao、ou、iu、ie、üe、er。练习方法和前面的一样。
6. 开展声母找朋友游戏。
7. 先有火车头 z 到前面,嘴里说:"z 的朋友在哪里?"
8. 另一列复韵母火车,可以拿着卡片的学生可以抢着去做朋友。
9. 站到 z 左边,一边说:"z 的朋友在哪里,ai,zai,在这里的在。"

10.31 用声母 z、c、s、zh、ch、sh、r 和鼻韵母组成无意义的音节

活动主题：声母韵母拼读练习

能力要求：听力、语言

兴趣水平：小学、中学

材料：拼音卡片

1. 学生先进行开火车游戏。将声母 z、c、s、zh、ch、sh、r 和鼻韵母 an、en、in、un、ün、ang、eng、ing、ong 分为两列"火车"。
2. 如火车头 z 一出现，接着是持"c、s、zh、ch、sh、r"等声母卡片的同学陆续走上讲台。每人右手搭在前一个学生的肩上，左手将字母卡片面向同学举起。
3. 火车头发出"呜……"的一声后，每个学生按声母顺序读出自己手中字母的发音，最后唱着字母歌回到座位上。
4. 另一列火车的车头是 an，然后是、en、in、un、ün、ang、eng、ing、ong。练习方法和前面的一样。
5. 声母火车 z 的学生当小老师进行顺风耳游戏。说出自己要找的音，如："是 en 不是 eng"。
6. 鼻韵母火车组的同学 en 听到后，要马上答应："我是 en 不是 eng"。
7. 站到 z 左边，一边说："我们是 zenzen，我们不是 zengzeng。"
8. 继续活动，直到大家都轮到。

10.32 声母和鼻韵母的拼读练习

活动主题：拼读音节练习

能力要求：视力，听力

兴趣水平：小学、中学

材料：拼音字母卡片

1. 学生每人准备一套拼音卡片。
2. 两人（也可以四人）一组。
3. 将"牌"分发到每个参与学生手中。
4. 一方先出一张"牌"，口里还要念"我出……（如我出'b'）"。
5. 然后该对方出牌，所出的"牌"要能与对方的"牌"相拼（如出"an"，出牌者还

要念"我出 an,b—an—ban,班级的班")。
6. 拼对了对方的牌就被你赢过来了,最后看谁赢的牌多。

10.33 声母和鼻韵母的拼读练习

活动主题:拼读音节练习

能力要求:视力、听力、语言

兴趣水平:小学、中学

材料:100 张 8 cm×12 cm 的卡片、水彩笔、图画纸、小型赛车

1. 准备 50 张写有字词及音节的卡片,这些字词有 23 个声母,9 个前后鼻韵母拼成。
2. 准备游戏板。
3. 为每个选手准备"赛车"。
4. 把 2~4 个学生带到游戏板前。
5. 让学生抽一张卡片并读出上面的字词或音节。
6. 如果学生读对了,他们就可以旋转箭头并按照上面所显示的数字前进相应的位置(如图 10-5)。

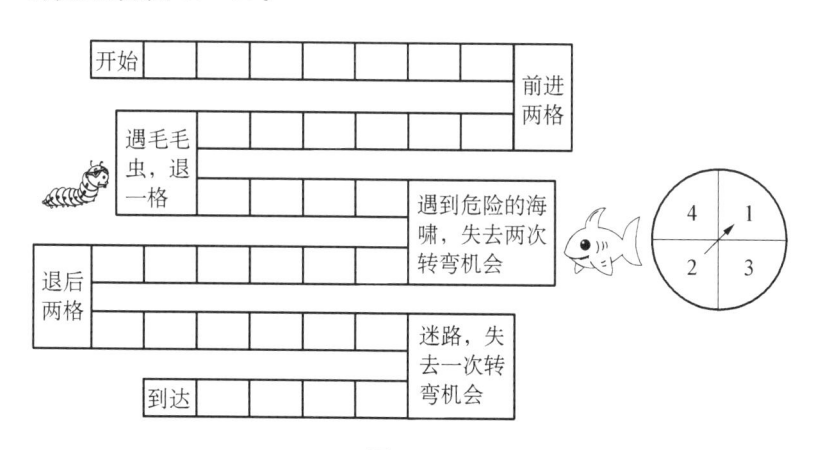

图 10-5

7. 如果学生读错了,他们就失去了机会。
8. 把所有的卡片都放回这堆卡片的底下。
9. 第一个把"赛车"开到终点线的学生就是获胜者。

10.34 声母和韵母拼读练习

活动主题:拼读音节练习

能力要求:视力、听力

兴趣水平:学前、小学、青少年、成人

材料:拼音字母卡片

1. 学生每人准备一套拼音卡片。
2. 两人(也可以四人)一组。
3. 将"牌"分发到每个参与学生手中。
4. 一方先出一张"牌",口里还要念"我出……(如我出'b')"。
5. 然后该对方出牌,所出的"牌"要能与对方的"牌"相拼(如出"an",出牌者还要念"我出 an,b—an—ban,班级的班")。
6. 拼对了对方的牌就被你赢过来了,最后看谁赢的牌多。

10.35 练习读轻声的字

活动主题:轻声字练习

能力要求:视力、听力

兴趣水平:学前、小学、青少年、成人

材料:卡片

1. 教师出示一组叠词,示范朗读:哥哥、弟弟、娃娃、星星、走走、看看……
2. 开火车读词语。学生跟读,体会轻声练习。
3. 出示第二组词语:鼻子、本子、孩子、包子、杯子、房子、木头、石头……
4. 学生开火车读轻声。
5. 出示第三组词语:兄弟—兄弟、对头—对头、东西—东西、地道—地道,老子—老子。
6. 教师读轻声,学生不读轻声,说说有什么区别。

10.36 练习读儿化音

活动主题:儿化音练习

能力要求：视力、听力
兴趣水平：学前、小学、青少年、成人
材料：卡片

1. 出示图片，教师领读：小猫—小猫儿、小孩—小孩儿、金鱼—金鱼儿、小花—小花儿、米粒—米粒儿、门缝—门缝儿等
2. 教师和学生玩跟得快游戏，教师读左边词语，学生读儿化音。教师快读，学生也快读，教师轻声读，学生也轻声读。
3. 儿歌练习。

小哥俩儿

小哥俩儿，红脸蛋儿，手拉手儿，一块儿玩儿。小哥俩儿，一个班儿，一路上学唱着歌儿。学造句，一串串儿，唱新歌儿，一段段儿，学画画儿，不贪玩儿。画小猫儿，钻圆圈儿，画小狗儿，蹲庙台儿，画只小鸡儿吃小米儿，画条小鱼儿吐水泡儿。小哥俩儿，对脾气儿，上学念书不费劲儿，真是父母的好宝贝儿。

第十一章　发音 Ⅲ

在有意义的和无意义的组合中对所有的声母和韵母进行发音

行为标识

说话时,在声音或视觉上令人不快

说话方式严厉、刺耳或尖锐

说话时,声音低沉、含混不清

说的话难以理解或几乎听不见

说话的节奏不正常

使用不适当的器官(鼻、嘴、喉)来发音

舌尖反应迟缓

发音吃力

语言杂乱

即兴讲话时,发音不正确

第十一章 发音 Ⅲ

■ **11.01 声母 b 与韵母拼读练习 1**

活动主题：拼读练习

能力要求：视力、语言

兴趣水平：小学、中学

材料：杂志、图画纸、剪刀、胶水

1. 用订书机把两张图画纸订在一起,发给每个学生一份。
2. 这将会成为他们的"B"声母书。
3. 讨论出示声母 b 的两拼音节(ba,bo,bi,bu)。
4. 出示声母 b 的三拼音节:biao,bian。
5. 给学生一些旧杂志(或给选好的图片),让他们从中找出声母为 b 的字或图片。
6. 让学生把这样的页码撕下来并把图片修剪一下。
7. 继续寻找,直到学生找出几张图片。
8. 让学生把图片贴在他们的"B"声母书上。
9. 通过"读"图片或字来复习 b 音。
10. 让学生用他们的"B"声母书在家复习。

■ **11.02 声母 b 与韵母拼读练习 2**

活动主题：拼读练习

能力要求：视力、语言

兴趣水平：小学、中学

材料：图画纸、杂志、剪刀、胶水

1. 用订书机把两张图画纸订在一起,发给每个学生一份。
2. 这将会成为他们的"B"声母书。
3. 出示 bai,bei,bao,bie;ban,ben,bin,bang,beng,bing。
4. 把一些杂志(或选好的图片)递给学生,让他们从中找出含有上面音节的图片。
5. 让学生把这样的页码撕下来并把图片修剪一下。
6. 继续寻找,直到学生找出几张图片。
7. 让学生把图片贴在他们的"B"声母书上。
8. 通过"读"图片来复习 b 声母。

9. 让学生用他们的"B"声母书在家复习。

11.03　声母 p 与韵母拼读练习 1

活动主题：拼读练习

能力要求：视力、听力、语言

兴趣水平：中学、青少年

材料：卡片、黑板、粉笔

1. 让一位学生选择一个声母为 p 的字卡(pa,po,pi,pu,piao,pian)。
2. 根据读音,学生做出相应动作,如：看到 pa,做爬的动作。
3. 其他同学根据这个学生的动作,猜读音。
4. 猜对的同学领读,并带着大家模仿动作。还可以上前来抽卡片,继续游戏。
5. 如果出现错误,老师示范正确的发音。
6. 让学生重新练习。

也可以进行"找蘑菇"的小游戏。

(1) 老师准备很多小篮子,请学生去找蘑菇,看谁找的蘑菇最好,老师就送他一个小礼物。

(两个学生一组,发篮子,根据篮子上的字母,找到相对的音节,如"p—ā",找到相对的蘑菇 pā。)

(2) 给蘑菇排队并要求学生拼读。

(带读、分男生、女生读、分小组读)

11.04　声母 p 与韵母拼读练习 2

活动主题：拼读练习

能力要求：视力、听力、语言、动手能力

兴趣水平：小学、中学、青少年

材料：游戏板、可动箭头

1. 准备一个类似于钟表的游戏板,让指针的末梢能指向数字位置上的带有"p"音的字词。
2. 让学生轮流旋转指针并且说出一个以 p 开头的字词(pai,pei,pao,pou,

pie;pan,pen,pin,pang,peng,ping)。
3. 学生每次正确识别出一个字就奖给他一粒爆米花。
4. 继续旋转指针直到所有的学生都有机会。

■ **11.05　声母 m 与韵母拼读练习 1**

活动主题:拼读练习

能力要求:视力、语言

兴趣水平:小学、中学

材料:标签纸、厚纸板、水彩笔

1. 用厚纸板制作张着嘴巴的河马头。
2. 制作图片卡:用标签纸剪出面包片的形状,并在上面画出或贴上声母 m 的字词图片(ma,mo,me,mi,mu,miao,mian)。
3. 把图片卡正面朝下放在一堆。
4. 让学生挑选卡片并正确读出声母 m 的字词。
5. 如果学生读对了,让他(她)用图片卡"喂河马"。
6. 如果学生读错了,把卡片放回原处。

■ **11.06　声母 m 与韵母拼读练习 2**

活动主题:拼读练习

能力要求:视力、语言、动手能力

兴趣水平:小学、中学、青少年

材料:A4 纸、铅笔、作业纸

1. 给每个学生一张 A4 纸,四联风琴折,如图,成"M"状,做成学生的"M"声母书(如图 11-1)。

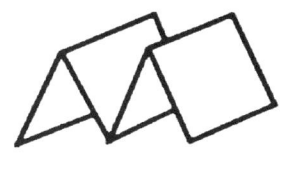

图 11-1

2. "M"声母书一共四个面,每个面写三个音节,并配上字词或贴图(mai,mei, mao,mou,miu,mie;man,men,min,mang,meng,ming)。

3. 根据需要帮助学生完成这本书。

4. 学生交换声母书(也可读自己的),并认读。

5. 如果学生出现错误,示范正确的发音。

6. 让学生重新认读。

7. 如果正确,就给他(她)的声母书盖上一个漂亮的小猫图章。

11.07 声母 f 与韵母拼读练习 1

活动主题:拼读练习

能力要求:视力、听力、语言、动手能力

兴趣水平:小学、中学

材料:纸、铅笔

1. 出示带有声母 f 的音节(fa,fo,fu)"神秘字"。

2. 让每一个学生独立写出这个字的提示信息并画出关于这个字的图片。

3. 不要让学生把他们的图片给任何人看。

4. 让一个学生把提示信息读给另一个学生,同时让第三个学生试着根据提示画画。

5. 如果出现错误,示范正确的发音。

6. 让学生重新练习。

7. 让第一个和第三个学生比较他们的图片,看能否解开谜团。

11.08 声母 f 与韵母拼读练习 2

活动主题:拼读练习

能力要求:视力、听力、语言

兴趣水平:小学、中学

材料:黑板、粉笔

在语言治疗师的指导或帮助下使用或修改。

1. 在黑板上画几行线来玩"火星话"。

2. 在每行线上写出复韵母(ei,ou)或鼻韵母(an,en,ang,eng)。
3. 把 f 或学生正在学习的其他声母(bpm)加到这些韵母上。
4. 让学生背诵这几行音节。
5. 如果学生的发音不正确,示范正确的发音。
6. 让学生重新背诵。
7. 让 2 个学生向彼此说出一行"火星话",就像在会话一样。

11.09 声母 d 与韵母拼读练习 1

活动主题:拼读练习
能力要求:视力、语言
兴趣水平:小学、中学
材料:纸板、骰子、图画纸、图片、游戏标识物、剪刀

1. 从旧练习册或杂志中剪出声母"d"发音的(可从下列音节中选 da,de,di,du,dia,diao,dian,duo,duan)词语的图片。
2. 准备游戏板或在纸板上画出小路。
3. 把图片贴在每个方格中,并用图画纸把图片盖住。
4. 让学生掷骰子并把他们的标识物移动骰子上所显示的方格数。
5. 他们必须说出图片所代表的字词。
6. 根据需要提供帮助。
7. 使用文字代替图片或在图片上增加文字;或在作业纸上制作小型游戏板,以便复制或让学生带回家复习。

11.10 声母 d 与韵母拼读练习 2

活动主题:拼读练习
能力要求:视力、语言、动手能力
兴趣水平:小学、中学
材料:粉笔或铅笔、空白卡片
在语言治疗师的指导或帮助下使用或修改。

1. 让学生选择带有声母 d 的"神秘字"(可从下列音节中选 dai,dei,dui,dao,

dou,diu,die;dan,den,dun,dang,deng,ding,dong)。

2. 让每一个学生独立写出字词提示信息并画出关于那个字词的图片。
3. 不要让学生把他们的图片给任何人看。
4. 让一个学生把提示信息读给另一个学生,同时让第三个学生试着根据提示画画。
5. 如果出现错误,示范正确的发音。
6. 让学生重新练习。
7. 让第一个和第三个学生比较他们的图片,看能否解开谜团。

11.11 声母 t 与韵母拼读练习 1

活动主题:拼读练习
能力要求:视力、听力、动手能力
兴趣水平:小学、中学
材料:塑料玩具、图片、牛奶盒、剪刀
在语言治疗师的指导或帮助下使用或修改。

1. 找一些塑料玩具或图片来代表声母"t"发音的字词。(可从下列音节中选 ta 水獭,te 特种马,ti 鹈鹕,tu 兔子,tiao 跳蚤,tian 天鹅,tuan 蚂蚁团)
2. 把牛奶盒剪成两半,用下一半遮住玩具。为每个学生准备一个牛奶盒。
3. 在教师把玩具放在他们的盒子下面的时候,让学生闭上眼睛。
4. 让学生轮流把盒子举起来并识别下面的玩具。
5. 继续用不同的玩具让学生识别。

11.12 声母 t 与韵母拼读练习 2

活动主题:拼读练习
能力要求:能力、听力、动手能力
兴趣水平:小学、中学
材料:粉笔或铅笔、空白卡片
在语言治疗师的指导或帮助下使用或修改。

1. 让学生选择带有声母 t 的"神秘字"(可从下列音节中选 tai,tei,tui,tao,

tou,tie;tan,tun,tang,teng,ting,tong)。
2. 让每一个学生独立写出字词提示信息并画出关于那个字词的图片。
3. 不要让学生把他们的图片给任何人看。
4. 让一个学生把提示信息读给另一个学生,同时让第三个学生试着根据提示画画。
5. 如果出现错误,示范正确的发音。
6. 让学生重新练习。
7. 让第一个和第三个学生比较他们的图片,看能否解开谜团。

11.13 声母 n 与韵母拼读练习 1

活动主题:拼读练习

能力要求:视力、动手能力

兴趣水平:小学、中学

材料:纸板、杂志图片、水彩笔

1. 准备图片卡,让这些图片名称的声母是 n 或其他学过的声母。(可从下列音节中选 na,ne,ni,nu,nü,niao,nian,niang,nuo,nuan……)
2. 把每张词语图片准备 3 份。
3. 玩一个类似"钓鱼"的游戏。
4. 让第一个学生向另一个学生要一张带有特定图片的卡。
5. 告诉第二个学生:如果他(她)有这张卡片就把卡片交出来。
6. 如果第二个学生没有这张卡片,他(她)就要说:"对不起,我没有"或者"钓鱼去"。
7. 提醒第二个学生:接下来轮到他(她)提问了。
8. 让学生在集齐了 3 张同样的卡片后,把它们摆放在桌子上。
9. 指出集齐了最多套(3 张同样)卡片的学生就是获胜者。

11.14 声母 n 与韵母拼读练习 2

活动主题:拼读练习

能力要求:视力、听力、语言、动手能力

兴趣水平：小学、中学

材料：声母"n"的图片、"火车"

1. 制作"火车"的发动机、货车车厢和车尾，并把他们并排摆放在桌子上。
2. 把声母"n"字词图片分类摆放在火车头、货车车厢、和车尾车厢。声母"n"＋单韵母的图片放在火车头，声母"n"＋复韵母（nai, nei, nao, nou, niu, nie）的放在货车车厢，声母"n"＋鼻韵母（nan, nen, nin, nun, nang, neng, ning, nong）的放在车尾车厢。
3. 让学生看一看车头、车身、车尾三节车厢的图片并说出图片中字词的正确发音。
4. 如果学生读对了，让他（她）留着这张卡片。
5. 如果学生读错了，为他（她）示范正确的读音，并让他（她）再读一遍。
6. 让读错的学生把卡片放回原处。

11.15 声母 l 与韵母拼读练习 1

活动主题：拼读练习

能力要求：视力、听力、语言、动手能力

兴趣水平：学前、小学、中学

材料：图画纸、纸板、糨糊或胶水、星星或张贴物

1. 用图画纸剪出绿色的大树并粘贴在纸板上。
2. 剪出红色的纸苹果。
3. 在图表底部粘贴上信封用来放苹果。
4. 粘贴上褐色的卡车并画出通向苹果的梯子。
5. 在梯子的每一阶上写出声母 l 和有关韵母。
6. 把红苹果随意放在树上。
7. 让学生通过触摸每一阶梯子并说出 l 和韵母，如：la, le, li, lu, lü, lia；或 liao, lian, liang, luo, luan 来"爬"梯子；摘下红苹果后，一边说 lü, lu, li, le, la，一边"爬"回来。
8. 让学生数一数在规定的时间里摘到的苹果数。
9. 教师还可以在纸板上单独画出几个梯子，把它们放在顶端来改变对"爬"梯子的要求。如：l 和单韵母，l 的三拼音节。

11.16　声母 l 与韵母拼读练习 2

活动主题：拼读练习

能力要求：视力、听力、语言、动手能力

兴趣水平：小学、中学

材料：大型纸板、图片、骰子

1. 在一张大型纸板上画一个钟面，并配上可以转动的时针。
2. 在每一个刻度上放上一个声母 l 的音节（lai, lei, lao, lou, liu, lie, lan, lin, lun, lang, leng, ling, long）。
3. 学生投骰子，根据上面的数字，把时针转相应格数。
4. 学生读出音节并组词。如果错误，就示范正确读音，并让学生重新读。
5. 如果正确，就让下一个学生继续进行。

11.17　声母 g 与韵母拼读练习 1

活动主题：拼读练习

能力要求：视力、听力、语言、动手能力

兴趣水平：小学、中学

材料：塑料玩具、图片、牛奶盒

在语言治疗师的指导或帮助下使用或修改。

1. 找一些塑料玩具或图片来代表声母"g"发音的字词（可从下列音节中选 ga, ge, gu, gua, gu, guo, guai, guan, guang）。
2. 把牛奶盒剪成两半，用下一半遮住玩具。
3. 为每个学生准备一个牛奶盒。
4. 让学生在你把玩具放在他们的盒子下面的时候闭上眼睛。
5. 让学生轮流把盒子举起来并识别下面的玩具。
6. 继续用不同的玩具让学生识别。

11.18　声母 g 与韵母拼读练习 2

活动主题：拼读练习

能力要求:视力、听力、动手能力

兴趣水平:学前、小学、中学

材料:铅笔、空白卡片

在语言治疗师的指导或帮助下使用或修改。

1. 让学生选择声母 g 的"神秘字"(可从下列音节中选 gai,gei,gui,gao,gou,gan,gen,gun,gang,geng,gong)。
2. 让每一个学生独立写出字词提示信息并画出关于那个字词的图片。
3. 不要让学生把他们的图片给任何人看。
4. 让一个学生把提示信息读给另一个学生,同时让第三个学生试着根据提示画画。
5. 如果出现错误,示范正确的发音。
6. 让学生重新练习。
7. 让第一个和第三个学生比较他们的图片,看能否解开谜团。

11.19　声母 k 与韵母拼读练习 1

活动主题:拼读练习

能力要求:视力、语言、动手能力

兴趣水平:学前、小学、中学

材料:塑料玩具、剪刀、牛奶盒

1. 找一些塑料玩具或图片来代表声母"k"发音的字词(可从下列音节中选 ka,ke,ku,kua,kuo,kuai,kuan,kuang)。
2. 把牛奶盒剪成两半,用下一半遮住玩具。
3. 为每个学生准备一个牛奶盒。
4. 在教师把玩具放在他们的盒子下面的时候,让学生闭上眼睛。
5. 让学生轮流把盒子举起来并识别下面的玩具。
6. 继续用不同的玩具让学生识别。

11.20　声母 k 与韵母拼读练习 2

活动主题:拼读练习

能力要求：视力、语言、动手能力

兴趣水平：学前、小学、中学

材料：铅笔、空白卡片

1. 让学生选择声母 k 的"神秘字"（可从下列音节中选 kai,kei,kui,kao,kou,kan,ken,,kun,kang,keng,kong）。
2. 让每一个学生独立写出字词提示信息并画出关于那个字词的图片。
3. 不要让学生把他们的图片给任何人看。
4. 让一个学生把提示信息读给另一个学生，同时让第三个学生试着根据提示画画。
5. 如果出现错误，示范正确的发音。
6. 让学生重新练习。
7. 让第一个和第三个学生比较他们的图片，看能否解开谜团。

11.21　声母 h 与韵母拼读练习 1

活动主题：**拼读练习**

能力要求：视力、听力、语言

兴趣水平：学前、小学、中学

材料：12 cm×20 cm 的纸板、彩笔

1. 准备 6 张怪物图片。
2. 用单韵母为每一个"语音生物"起一个名字。
3. 让学生在每个韵母前加上一个声母 h 或前面学过的声母。
4. 数次翻阅这些图片。
5. 在活动中改变韵母的位置。

11.22　声母 h 与韵母拼读练习 2

活动主题：**拼读练习**

能力要求：视力、听力、语言、动手能力

兴趣水平：小学、中学

材料：卡片、笔、图片

1. 准备两套同样的字词卡片,让这些字词的声母都是 h(可从下列音节中选 hai,hei,hui,hao,hou,han,hen,hun,hang,heng,hong)。
2. 把所有的卡片正面朝下放在桌子上。
3. 让学生选出 2 张卡片。
4. 告诉学生:如果这两张卡片相同,他就可以把卡片留下;如果这两张卡片不同,他必须再次把卡片正面朝下放在桌子上。
5. 用同样的方法让所有的学生都有机会参与。
6. 继续下去,直到所有的图片都匹配好。
7. 教师还可以使用图片来代替字词。

11.23　声母 j 与韵母拼读练习 1

活动主题:拼读练习
能力要求:视力、听力、语言、动手能力
兴趣水平:小学

材料:飞镖、飞镖盘、图片

1. 准备好飞镖和飞镖盘。
2. 选一些韵母(i、ü、ia、iao、ian、iang、iong、uan)贴在飞镖盘上。
3. 让学生投掷飞镖。
4. 飞镖击中或者靠近哪个字词,就让学生贴上一个 j,拼读出音节。
5. 继续练习,直到所有学生都有机会参与。

11.24　声母 j 与韵母拼读练习 2

活动主题:拼读练习
能力要求:视力、听力、语言、动手能力
兴趣水平:小学、中学

材料:大型纸板、图片

1. 制作骰子:在大型纸板上画好格子,做成一个正方体的骰子。
2. 在六个面上,分别贴上下列韵母(iu、ie、üe、in、un、ing)。
3. 学生投掷大骰子,拿出做好的声母 j 图片,放在朝上一个面的韵母前,拼读

出音节,再根据音节组词,每组一个就加一分。
4. 让学生轮流投骰子,然后让他们读一读,组一组,数一数自己获得的分数。

■ 11.25　声母 q 与韵母拼读练习 1

活动主题:拼读练习

能力要求:视力、听力、语言、动手能力

兴趣水平:小学

材料:飞镖、飞镖盘、图片

1. 准备好飞镖和飞镖盘。
2. 选一些韵母(i,ü,ia,iao,ian,iang,iong,uan)贴在飞镖盘上。
3. 让学生投掷飞镖。
4. 飞镖击中或者靠近哪个字词,就让学生贴上一个 q,拼读出音节。
5. 继续练习,直到所有学生都有机会参与。

■ 11.26　声母 q 与韵母拼读练习 2

活动主题:拼读练习

能力要求:视力、听力、语言、动手能力

兴趣水平:小学、中学

材料:大型纸板、图片

1. 制作骰子:在大型纸板上画好格子,做成一个正方体的骰子。
2. 在六个面上,分别贴上下列韵母(iu,ie,üe,in,un,ing)。
3. 学生投掷大骰子,拿出做好的声母 q 图片,放在朝上一个面的韵母前,拼读出音节,再根据音节组词,每组一个就加一分。
4. 让学生轮流投骰子,然后让他们读一读,组一组,数一数自己获得的分数。

■ 11.27　声母 x 与韵母拼读练习 1

活动主题:拼读练习

能力要求:视力、听力、语言、动手能力

兴趣水平:小学、中学

材料:飞镖、飞镖盘、图片

在语言治疗师的指导或帮助下使用或修改。

1. 准备好飞镖和飞镖盘。
2. 选一些韵母(i,ü,ia,iao,ian,iang,iong,uan)贴在飞镖盘上。
3. 让学生投掷飞镖。
4. 飞镖击中或者靠近哪个字词,就让学生贴上一个 x,拼读出音节。
5. 继续练习,直到所有学生都有机会参与。

11.28　声母 x 与韵母拼读练习 2

活动主题:拼读练习

能力要求:视力、听力、语言、动手能力

兴趣水平:小学、中学

材料:大型纸板、图片

在语言治疗师的指导或帮助下使用或修改

1. 制作骰子:在大型纸板上画好格子,做成一个正方体的骰子。
2. 在六个面上,分别贴上下列韵母(iu,ie,üe,in,un,ing)。
3. 学生投掷大骰子,拿出做好的声母 j 图片,放在朝上一个面的韵母前,拼读出音节,再根据音节组词,每组一个就加一分。
4. 让学生轮流投骰子,然后让他们读一读,组一组,数一数自己获得的分数。

11.29　声母 z 与韵母拼读练习 1

活动主题:拼读练习

能力要求:视力、听力、语言、动手能力

兴趣水平:学前、小学、中学

材料:纸板、彩色筹码

1. 制作井字游戏板:在纸板上画出 16 个方格。
2. 把彩色筹码发给每个学生。
3. 在每个方格上放置一个包含"z"音(za,ze,zi,zu,zuan)或其他声母的

第十一章 发音Ⅲ

小图片或字词。
4. 让学生把自己的筹码摆放成一行 4 个。
5. 让学生在把他(她)的筹码放在那个位置之前先按顺序说出他所选择的字词。
6. 如果学生说对了,让他(她)把筹码放在方格上。
7. 如果学生说错了,示范正确的发音,并让学生再试一遍。
8. 还可以让学生使用短语或句子中的字词。

■ 11.30 声母 z 与韵母拼读练习 2

活动主题:拼读练习
能力要求:视力、听力、语言、动手能力
兴趣水平:学前、小学、中学
材料:图片、剪刀、纸板、胶水、骰子

1. 从准备好的书上或网络找带有声母"z"(如 zai,zei,zui,zao,zou,zan,zen,zun,zang,zeng,zong)的字词或图片,下载打印,再剪下。
2. 在大型纸板上把图片粘贴成铁轨形状,并在铁轨上标有起点和终点。
3. 为每个学生提供可移动标识物,让学生掷骰子并按照骰子上的示数沿着声母"z"音的铁轨前进。
4. 标识物沿着铁轨前进几个位置,就让学生或小组读几遍带有声母"z"的字词。
5. 指出第一个到达"z"音铁轨终点的学生胜出。
6. 教师还可以让学生说出句子中的字词或者让他们描述图片。

■ 11.31 声母 c 与韵母拼读练习 1

活动主题:拼读练习
能力要求:视力、听力、语言、动手能力
兴趣水平:学前、小学、中学
材料:图片、薯条

1. 准备一张画有女孩的图片卡。

2. 给这个女孩取名蔡蔡。
3. 把图片卡正面朝上放在桌子上。
4. 让学生围着桌子坐下。
5. 发给每个学生10根不同颜色的薯条。
6. 让每个学生说出每个图片的名字(ca,ce,ci,cu,cuo,cuan)。
7. 告诉学生:教师将要说一个句子,句子带有一个声母为c的字词。让他们仔细听。如:"蔡蔡在擦自行车。蔡蔡在干什么,(学生的名字)?"
8. 让被叫到名字的学生用一个完整的句子来回答问题。
9. 告诉学生如果回答正确,他就可以把他的一根薯条放在蔡蔡的图片上。
10. 告诉学生如果他没有用带有声母"c"词语说一个完整句子来回答问题,他就必须留着薯条。
11. 继续活动,直到有一个学生把他所有的薯条都放在卡片上。
12. 指出第一个"用掉"所有薯条的学生就是获胜者。

11.32 声母c与韵母拼读练习2

活动主题: 拼读练习
能力要求: 视力、听力、语言、动手能力
兴趣水平: 学前、小学、中学
材料: 图片、剪刀、纸板、胶水、骰子

1. 从准备好的书上或网络找带有声母"c"(cai,cei,cui,cao,cou,can,cen,cun,cang,ceng,cong)的字词或图片,下载打印,再剪下。
2. 在大型纸板上把图片粘贴成铁轨形状,并在铁轨上标有起点和终点。
3. 为每个学生提供可移动标识物,让学生掷骰子并按照骰子上的示数沿着声母"c"音的铁轨前进。
4. 标识物沿着铁轨前进几个位置,就让学生或小组读几遍带有声母"c"的字词。
5. 指出第一个到达"c"音铁轨终点的学生胜出。
6. 教师还可以让学生说出句子中的字词或者让他们描述图片。

11.33 声母s与韵母拼读练习1

活动主题: 拼读练习

第十一章 发音 Ⅲ

能力要求:视力、听力、语言

兴趣水平:学前、小学、中学

材料:绿色短袜、红色毛毡、线、两个纽扣、剪刀、针、卡片

1. 用绿色短袜制作蛇偶小青。
2. 把纽扣和红色毛毡缝在短袜上当作眼睛和舌头。
3. 告诉学生听蛇偶小青发出声音,然后像它那样发音。
4. 让小青发出夸张的"s"音。
5. 让学生跟着重复。
6. 让小青亲吻学生的头,吻到的学生抽一个卡片,读出字词(sa,se,si,su,suo,suan)。
7. 如果回答错误,教师示范正确发音。
8. 让回答正确的学生把手伸进袜子,扮小青蛇,继续练习。

11.34 声母 s 与韵母拼读练习 2

活动主题:拼读练习

能力要求:视力、听力、语言、动手能力

兴趣水平:小学、中学、青少年

材料:黑板、粉笔、纸、铅笔

1. 在黑板上写出韵母 ai,ui,ao,ou,an,en,un,ang,eng,ong。
2. 让学生读出教师所指的韵母。
3. 写出声母 s,让学生复习发音。
4. 在黑板上的每个字母前写上 s。
5. 让学生读出音节(sai,sui,sao,sou,san,sen,sun,sang,seng,song)。
6. 如果学生读错了,示范正确的发音。
7. 让学生重复练习。
8. 把声母 s 换成 z、c 拼读。

11.35 声母 zh 与韵母拼读练习 1

活动主题:拼读练习

255

能力要求:视力、听力、语言、动手能力

兴趣水平:学前、小学、中学

材料:纸板、可移动标识物(如棋子等)、可动箭头、图片、水彩笔、胶水

1. 把声母为 zh 的图片粘贴或画在游戏板风格的大型纸板上。(zha,zhe,zhi, zhu,zhua,zhuo,zhuan,zhuang)
2. 按照自己的意愿,用旗子、星星、信号灯和警告标志做装饰(如图 11-2),也可改成 z 字形。

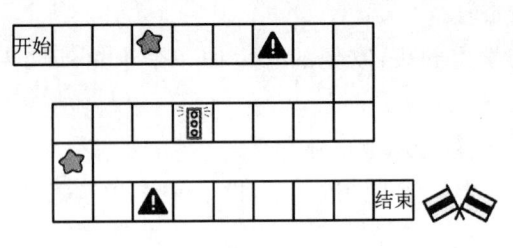

图 11-2

3. 把可移动标识物发给每个学生并把标识物放在起点上。
4. 让每个学生轮流旋转指针,移动指定的次数,并根据游戏板上所描画的内容说出 zh 声母的词句如"树枝"或"祖父、我的小猪、神舟飞翔宇宙……"
5. 让学生轮流继续下去,直到走完整个路程。
6. 第一个到达终点线的学生获胜。

11.36 声母 zh 与韵母拼读练习 2

活动主题:拼读练习

能力要求:视力、听力、语言

兴趣水平:小学、中学

材料:粉笔

1. 在黑板上画一个简单的鱼塘,并在鱼塘里画出几条鱼的轮廓。
2. 让学生跟着教师重复每个发音(zhai,zhui,zhao,zhou,zhan,zhen,zhun, zhang,zheng,zhong)。
3. 让学生每发出一个正确的音就擦掉一条鱼。
4. 教师还可以让能力比较强的学生提供可以写在鱼上的字词。

5. 分辨词语练习

   自序—秩序　资助—支柱　支援—资源　自动—制动

   阻力—主力　祖父—嘱咐　栽花—摘花　自愿—志愿

6. 双音节词语练习

   装置　转正　整治　执照　注重　珍珠

   执着　抓住　挣扎　正装　站长　着重

11.37　声母 ch 与韵母拼读练习 1

活动主题：拼读练习

能力要求：视力、语言

兴趣水平：学前、小学、中学

材料：纸板、剪刀、彩色筹码、彩笔、图片卡

1. 在纸板上画出游船图片。
2. 把游船图片剪下来。
3. 画出和游船上的窗一样大小卡片,并把它们剪下来盖在船窗上。
4. 把声母为 ch 的物体图片放在游船图片卡上,然后把它们一起放在船窗图片的下面(cha,che,chi,chu,chua,chuo,chuai,chuan,chuang)。
5. 让学生打开窗,并读出他所看到的字词。
6. 教师还可以插入打印的字词让学生来读。

11.38　声母 ch 与韵母拼读练习 2

活动主题：拼读练习

能力要求：视力、听力、语言、动手能力

兴趣水平：小学、中学

材料：手指玩偶、卡片

1. 教师和学生一起做手指玩偶(如图 11-3),在背面贴上含有 ch 声母的音节词语(chai,chui,chao,chou,chan,chen,chun,chang,cheng,chong)。
2. 教师先出示每一个玩偶和背后的词语,引导学生读一读。
3. 教师把一个手指玩偶戴在手指上,玩猜一猜游戏。

图 11-3

4. 学生猜猜手指玩偶背后的词语,读出来,如果正确就可以戴上。
5. 比一比,谁猜出的多,谁戴上的手指玩偶多。
6. 分辨词语练习

   鱼刺—鱼翅　粗布—初步　新春—新村　从来—重来　木柴—木材　八成—八层　乱吵—乱草
7. 双音节词语练习

   差错　操场　成材　出操　除草　贮藏　财产　采茶

11.39　声母 sh 与韵母拼读练习 1

活动主题:拼读练习

能力要求:视力、语言、动手能力

兴趣水平:学前、小学、中学

材料:黑板、粉笔、橡皮

1. 在黑板上画一个简单的鱼塘,并在鱼塘里画出几条鱼的轮廓。
2. 让学生跟着你重复每个发音(sha、she、shi、shu、shua、shuo、shuai、shuan、shuang)。
3. 让学生每发出一个正确的音就擦掉一条鱼。
4. 教师还可以让能力较强的学生提供可以写在鱼上的字词。

11.40　声母 sh 与韵母拼读练习 2

活动主题:拼读练习

第十一章 发音 Ⅲ

能力要求：视力、听力、语言、动手能力

兴趣水平：学前、小学、中学

材料：手指玩偶、图片

1. 教师和学生一起做手指玩偶，在背面贴上含有 sh 声母的音节词语（shai, shei, shui, shao, shou, shan, shen, shun, shang, sheng）。

图 11 - 4

2. 教师先出示每一个玩偶和背后的词语，引导学生读一读。
3. 教师把一个手指玩偶戴在手上，玩猜一猜游戏。
4. 学生猜猜手指玩偶背后的词语，读出来，如果正确就可以戴上。
5. 比一比，谁猜出的多，谁戴上的手指玩偶多。
6. 分辨词语练习

   近似—近视　搜集—收集　商业—桑叶　申诉—申述　午睡—五岁　树立—肃立　山顶—三顶

7. 双音节词语练习

   上司　哨所　深思　生死　绳索　石笋　散失　扫射　四声　宿舍　随时　所属

11.41　声母 r 与韵母拼读练习 1

活动主题：拼读练习

能力要求：视力、听力、语言、动手能力

兴趣水平：学前、小学、中学

材料：飞镖、飞镖盘、图片

1. 准备好飞镖和飞镖盘。

2. 选一些韵母(a,e,i,u,ua,uo,uan)贴在飞镖盘上。
3. 让学生投掷飞镖。
4. 飞镖击中或者靠近哪个字词,就让学生贴上一个 r,拼读出音节。
5. 继续练习,直到所有学生都有机会参与。

■ 11.42 声母 r 与韵母拼读练习 2

活动主题:拼读练习

能力要求:视力、语言、动手能力

兴趣水平:学前、小学、中学、青少年

材料:文件夹、标识物、图片、骰子、彩笔

1. 在文件夹上制作游戏板,上面标有起点、终点,以及连接起点和终点的由方格组成的小路(如图 11-5)。
2. 剪出声母 r 或声母 zh ch sh 的图片,并把这些图片放在方格上(如:rui,rao, rou,ran,ren,run,rang,reng,rong)。
3. 画出连接各种方格的梯子,这些梯子表明学生必须向上或向下移动。
4. 让学生掷骰子,移动骰子所显示的方格数,说出所在的新方格上的字词。
5. 教师还可以让学生读出句子或短语中的字词。

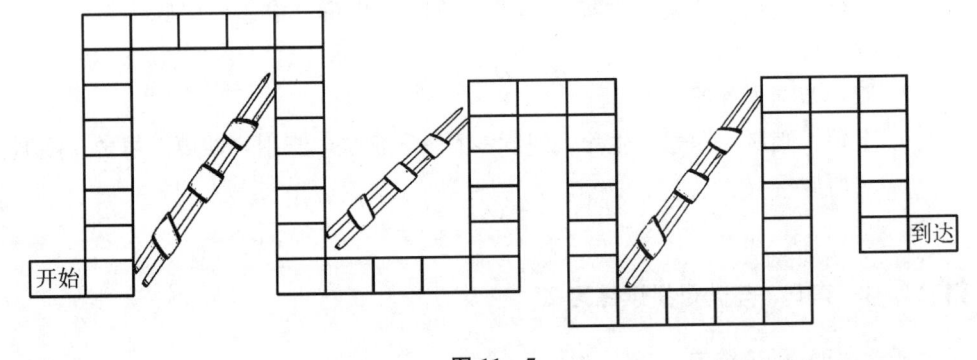

图 11-5

后　记

在书稿即将付梓出版之际,作为编撰者,我们感到了一点由衷的欣慰之意。

本书的完成首先得益于伙伴之间的精诚合作。一个是在一线实践有着极其丰富的教育教学及管理经验的校长;一个是在高校乐于思考、把理论与实践相对接的研究者。作为高校偏重理论的研究者,常常遇到基层老师的提问:"理论能否接地气点,告诉我们具体如何做?"作为一线实践工作者,又时时遭遇经验的困惑:"我们的实践有何依据,经验又如何上升到理论?"

确实,理论只有与实践结合,才有价值;经验上升理论,才有提升。基于对教育教学有效性追求的共识,基于为家长和教师提供有科学理论依据而又可操作的经验指南,同时也基于改变传统的以单向说教为主的学习方式,共同的感受与思考,促成了本书的编撰。

儿童的发展是家长、教师共同的责任。然而,盘亘在老师、家长心头最大的问题似乎是教什么?怎么教?

很多家长希望能有一本类似育儿宝典的工具书帮助他们更好地进行家庭教育。譬如,一些家长用蒙学读物"三百千"让孩子诵读,时间长了,发现孩子牙牙学语背诵的诗句,长大后都不记得了,这些死记硬背的成人语言,并没有内化成孩子的语言,没有融进孩子的血脉中。

很多老师希望能有一本好一些的教材或教辅,让他们更轻松一点,也希望工具书能帮助他们更好提升教学能力。然而,许多老师只是机械地基于教材或教辅的教学,而非基于儿童需要的教学。重教轻学、重讲授灌输轻互动体验仍然普遍存在。

随着融合教育的推进,障碍学生类型的增多及程度的加重,面对有特殊教育需要的学生,无论是普通学校随班就读,还是特殊教育学校,针对学生技能的教学,必须在评估的基础上找到发展的起点,实施满足其独特的发展需要的教学。如果沿袭单调、枯燥、乏味、重复的训练方式,更忽视了特殊儿童的身心特点,制约了教育教学的有效性。

作为一本实用的工具指南用书,《儿童语言发展:评估与教学》的设计编撰有着坚实的理论支撑。首先,遵循语言发展规律,通过观察评估449个行为特征,描述、记录儿童在语言能力由简单到复杂的顺序发展。行为特征活动的设计既可以作为技能评估的手段,又可以作为教学训练的指南,这种非正式的活动评估,便于家长与教师的实际操作。这样,在评估的基础上进行有效的训练,教学起点清楚,教学过程有监控,教学质量就会有保障。这是本书有别于其他儿童学习用书的一大特色。

其次,采取游戏化的活动设计,以活动为平台、以游戏为载体激发儿童的学习兴趣,提高学习的专注度,将知识、技能的学习融于轻松、愉快、积极、互动而有意义的参与情境与过程,进而提高教学的效率。本书编写中,我们安排包含了角色游戏、结构游戏、表演游戏等创造性游戏设计,也安排了包含体育游戏、智力游戏、音乐游戏等规则性游戏的设计,通过游戏活动,培养学生好奇心、想象力,引发主动性的学习品质。我们相信如维果茨基所说:"在游戏中,一个孩子的行为总是超越于他的实际年龄、他的日常行为;在游戏中,他比他本身的实际水平要高出一点。"在语言和认知能力发展中,应强调人的躯体、感情、意志和精神的参与,通过游戏活动让身心灵结合。

因此,这是一本好玩的书。它提倡的是任务单式的活动学习、游戏化的学习!这里充满了游戏、戏剧、阅读、写信、作画、猜谜、下棋……各种情境活动。每一次活动,都会要求准备丰富的活动材料:扑克牌、字谜卡、手电筒、剪刀、骰子、计时器、木偶、木块、面团、食物、锅碗瓢盆、量杯、温度计、布告牌、胶带、地毯、窗户、豆子、细绳、音乐、图书、隐形墨水……

要玩好这本书,需要家长、教师创造性地把很多生活中的材料拿来做教具、学具、玩具,这种学习活动是动态开放的,让儿童的认知、身体、环境相互联结,"通过操作玩具,孩子在游戏中会比在运用语言的环境下表现出更好的适应性,他可以用玩具表达出他对自己以及生活中重要的人和事的感受。"所以,当读者翻开书时会发现,这不仅仅是在教学,而是带着儿童在体验生活,探索世界。

呵护儿童的天性,开发儿童的潜能!书中的活动是一个个案例,可以根据自己身边的资源,进行调整,进行创新,我们需要做的,就是在本书所倡导的做中学、玩中练的理念中,重新设计教育的物理情境、语言情境、人际互动与文化情境,增强儿童对多元智能的体验,更多地引发儿童的成长性思维。

为了帮助读者更好地理解学习和利用这本书,我们将有选择地把一些经典的

后　记

活动案例拍摄为视频材料供读者参考,同时也将提供其他的相应电子资源(包括在线咨询、解答等),读者可根据下方的二维码,有针对性地扫描接入,同时,也可进入"新特教线上教育"(http://xuetang.ra.sipedu.org)获得更多的资源。

最后,感谢南京大学出版社的黄睿、丁群编辑,对本书的校阅,感谢参与修订、插图绘制与活动案例拍摄的仁爱学校的老师们。此外,编撰过程中参考了众多的国内外作者的文献资料,作为活动案例的编写,很难一一列出,在此,谨表以诚挚的谢意!

2020 年 3 月

图书在版编目(CIP)数据

儿童语言发展：评估与教学/盛永进,范里编著
. —南京：南京大学出版社,2020.3
ISBN 978-7-305-22992-3

Ⅰ.①儿… Ⅱ.①盛… ②范… Ⅲ.①儿童语言－语言能力－研究 Ⅳ.①H003

中国版本图书馆 CIP 数据核字(2020)第 037431 号

出版发行	南京大学出版社		
社　　址	南京市汉口路 22 号	邮编	210093
出 版 人	金鑫荣		

书　　名　儿童语言发展：评估与教学
编　　著　盛永进　范　里
责任编辑　黄　睿　丁　群　　　编辑热线 025-83597482

照　　排　南京开卷文化传媒有限公司
印　　刷　南京玉河印刷厂
开　　本　718×960　1/16　印张 18　字数 331 千
版　　次　2020 年 3 月第 1 版　2020 年 3 月第 1 次印刷
ISBN　978-7-305-22992-3
定　　价　54.00 元

网　　址：http://www.njupco.com
官方微博：http://weibo.com/njupco
微信服务号：NJUyuexue
销售咨询热线：(025)83594756

＊版权所有,侵权必究
＊凡购买南大版图书,如有印装质量问题,请与所购
　图书销售部门联系调换